나는 주식으로 집 샀다

나는 주식으로 집 샀다

초판 1쇄 2020년 5월 18일

지은이 lovefund 이성수
펴낸이 설웅도   **편집주간** 안은주
영업책임 민경업   **디자인** Kewpiedoll Design

펴낸곳 라의눈

출판등록 2014 년 1 월 13 일(제 2014-000011호)
주소 서울시 강남구 테헤란로 78 길 14-12(대치동) 동영빌딩 4층
전화 02-466-1283   **팩스** 02-466-1301

문의(e-mail)
편집 editor@eyeofra.co.kr
마케팅 marketing@eyeofra.co.kr
경영지원 management@eyeofra.co.kr

ISBN : 979-11-88726-50-9 13320

딱 연봉만큼
또 버는
직장인
주식투자법!

나는 주식으로 집 샀다!

직장인은 주식투자도 달라야 한다!

lovefund 이성수 지음

라의눈

연봉은 절대 당신이 필요한 만큼 오르지 않는다!

이 한 문장 속에 직장인들이 느끼는 비애가 함축되어 있다.

자신의 모든 능력을 바쳐 회사에 헌신하지만, 본인의 연봉은 희망 금액에 턱도 없이 부족하다. 그리고 주변에 나보다 더 잘나가는 친구며 친척들은 왜 그리도 많은지, 그들의 연봉 액수를 우연히 듣기라도 하는 날엔, 하루 종일 열등감과 억울함에 일이 손에 잡히지 않는다.

그런데 그 잘나가는 사람들은 자신들의 연봉에 만족할까? 사실은 그렇지도 않다. 그들도 나름대로 불만을 가지고 살 것이다.

왜 모두들 본인의 연봉에 불만을 가지는 걸까?

술술 새는 카드값 때문에? 내 집 마련을 못해서? 멋진 차를 못 가져서? 결혼자금이 안 모여서? 각자의 상황은 다르지만, 이 모든 상황을 분석해 보면, 현재의 연봉이 자신의 목표와 이상을 실현하는 데 너무나 부족하다는 것이다.

이렇게 부족한 연봉을 채우기 위해, 많은 이들이 주식투자를 시작한다. 더 이상 돈 걱정을 하지 않는 '재무적 독립'을 꿈꾸는 것이다. 하지만 현실은 냉정하다. 그나마 모아 둔 돈을 모두 주식투자로 탕진한 사람, 반토막 난 펀드에 망연자실한 사람, 주식투자로 집안이 풍비박산 난 사람 등등, 주식시장에 들어왔지만 큰 손실을 보고 후회하는 경우가 비일비재하다.

과연 주식투자가 그렇게 위험한 것일까?

필자는 단연코 이렇게 이야기하고 싶다. 직장인의 작은 연봉으로 자산을 키울 수 있는 가장 강력한 방법은 주식투자라고!

그렇다면 왜 사람들은 주식투자로 손실만 보는 걸까?

지금까지 직장인들이, 그리고 개인투자자들이 알고 있던 투자방법이 잘못되었기 때문이다. 잘못된 방법이 몸에 습관처럼 붙어 버렸으니, 당연히 손실만 쌓이게 되는 것이다.

필자는 이런 상황들은 너무나 많이 보아 왔고, 근본적인 문제가 무엇인지 알고 있다. 또한 직장일이나 개인사업을 병행하면서 꾸준히 주식투자로 수익을 올릴 수 있는 방법 역시 알고 있다. 그 방법으로 필자는 많은 것을 이루었다.

부모님께 손 벌리지 않고 서울에 아파트를 마련했고, 대학원 MBA 과정도 마쳤으며, 결혼자금 또한 본인의 힘으로 마련했다. 이 책에 투자 멘토로 나오는 '이수팀장'이 바로 필자의 아바타라 할 수 있다. 이수팀장이 주식스터디 멤버들에게 제시하는 연평균 목표수익률은 10% 수준이다. 10%를 절대 우습게 봐서는 안 된다.

연 20%의 수익률만 꾸준히 올려도 당신은 자신의 목표를 실현해 나갈 수 있고, 재정적 기반을 굳건히 해 재무적 독립을 할 수 있게 된다.

여러분이 이 책을 들고 있는 이 순간, 목표수익률 연 10%는 여러분들의 손에 잡혔다고 할 수 있다. 필자는 21년 간의 실전투자와 연구를 바탕으로 이 책을 집필했다. 이 책에 나와 있는 방법대로 차근차근 주식투자를 해 나가면 누구나 원하는 수익률을 달성할 수 있을 것이라 믿는다.

이 책에는 이수팀장을 포함하여 6명의 등장인물이 나온다. 막 입사한 신입 여사원에서 주임, 대리, 차장, 전무이사 그리고 개인사업자까지 다양한 직급과 계층에 맞는 캐릭터를 실존인물들의 사례에서 직접 수집했다. 또한 각 캐릭터마다 다양한 연봉 수준을 설정해 놓았기 때문에 본인의 상황에 맞게 주식투자로 수익을 올릴 수 있을 것이다. 단, 책 안의 사례들은 독자분들의 이해를 돕기 위해 캐릭터들의 상황에 맞추어 픽션이 가미되었음을 감안해주시기 바란다.

어쩌면 바로 지금이 여러분들의 인생에 있어 획기적인 전환점이 될 수 있다. 차근차근 주식투자로 자산을 불려 나간다면 부족한 연봉을 메꾸는 것은 물론, 돈 걱정 하지 않고 사는 '이상적인 삶'을 완성할 수 있으리라 믿는다.

이 책을 처음 만들고 이번 2020년 개정판 출판까지 '라의눈' 담당자분들의 응원과 도움이 없었다면 불가능했을 것이다. 다시 한번 '라의눈' 담당자분들께 진심으로 감사드린다. 그리고 이 책에 본인들의 투자 이야기를 허락해준 책 속 실존인물들에게도 고맙다는 마음을 전한다. 마지막으로 내 주식투자 연구 그리고 이 책이 만들어지는 데 있어 필자가 집필에 전념할 수 있도록 묵묵히 지원을 아끼지 않은 가족들에게 사랑한다는 말을 전한다.

이성수

이팀장(이수)

45세. 연봉맥스 그룹의 기획부 팀장. 주식투자로 꾸준한 수익을 내어 아파트도 한 채 사고, 명문대 MBA도 마치고 결혼자금도 본인 힘으로 마련한 입지전적 인물! 주식투자에 대해서라면 모르는 것이 없는 전 직원의 투자 멘토

미스쪼(조은송)

24세. 신입 경리담당 여사원. 매일 커피 심부름에 짜증을 내지만, 활달한 성격으로 극복. 입사 후엔 월급을 받는 즉시 펑펑 썼지만, 돈을 모으기 위해 주식투자에 관심을 갖기 시작. 하지만 주식투자를 전혀 모르는 왕초보 (연봉 3,000만 원)

박주임(박태주)

28세. 영업 담당. 월급을 모두 술집에서 써버리는 기분파 총각. 모아 놓은 돈이 한푼도 없음. 위험한 투자는 싫어하지만 역설적으로 술값은 아까워하지 않는 인물. 유흥세계를 벗어나 미스쪼와 함께 이팀장에게 주식을 배우기로 함. 역시 주식투자 왕초보 (연봉 3,500만 원)

안대리(안수연)

30세. IT팀에서 하루종일 알코딩만 하는 개발자. 갓 결혼한 새색시. 간간이 소액투자를 하지만 재미는 못 봄. 결혼 후, 내 집 마련을 위해 주식투자의 필요성을 느끼고 있음. 어느 정도 종잣돈이 있으며, 약간의 주식투자 경험이 있는 레벨 (연봉 4,000만 원)

흥부차장(남흥우)

40대 후반. 언제 퇴직당할지 모르는 영업부 만년차장. 잘난 척하기 좋아하고 부하 직원 윽박지르는 스타일. 주식투자로 실패하는 다양한 경험을 보유한 전형적인 루저(Loser) 투자자. 나쁜 투자습관의 종합선물세트 (연봉 5,000만 원)

놀부전무(김노부)

50대. 회사의 실세. 연봉협상할 때마다 직원들을 울리는 악의 축. 많은 재산을 보유하고 있으나 주식투자 경험은 부족. 회계에 대한 지식이 많아 가치투자에 관심. 노후를 대비한 안정적 투자 방법을 찾는 중 (투자금 1억 이상 보유 추정)

황씨 아저씨(황만수)

50대 후반. 회사 직원들의 단골 식당 주인. 과거에 사업을 키우겠다고 주식투자를 했다가 큰 낭패를 본 인물. 가게 일에 치여 주식투자에 전념하지 못하는 것을 안타까워하고 있음

차례

Chapter

0

늘 연봉이 부족한
연봉맥스 직원들

창가에 햇살이 쏟아져 들어오는 상쾌한 아침, 오늘도 놀부전무는 자기 책상에 앉아 신문을 보고 있다. 그는 출근하자마자 경제지들을 읽는 이 시간을 좋아한다. 여기에 커피 한잔이 당연히 더해져야 하는데 오늘은 아직 커피가 책상에 없다.

"야~ 미스쪼, 커피 좀 타와라. 빨리~~"

놀부전무는 언제나 그렇듯이 자기 방에서 큰 소리로 미스쪼에게 지시를 내린다. 그의 방 바로 앞에 앉아 있는 미스쪼. 그녀에겐 '조은송'이란 예쁜 이름이 있음에도 불구하고, 놀부전무를 그녀를 미스쪼라 부른다.

'요즘이 어떤 세상인데, 미스쪼야? 내가 커피 타러 회사 들어온 것도 아니고, 월급도 쥐꼬리만큼 주면서 커피까지 타게 해?' 미스쪼는 속엣말을 삼키며 놀부전무에게 커피를 대령한다. 놀부 전무는 경제지에서 눈도 떼지 않은 채 "고마워! 역시 커피는 미스쪼가 타 줘야 맛있어."라고 한마디를 툭 던진다.

"근로자 평균연봉 3,650만 원, 오~ 이 기사 마음에 드는구만. 이런 기사는 국가경제적으로 필요해. 우리 회사 직원들은 연봉이 너무 높단 말이야."

역시 놀부전무의 구미에 맞는 신문기사가 나왔던 모양이다. 그는 회사의 지출을 한푼이라도 아낄 수 있는 뉴스라면 철저하게 이용해 먹는 악취미가 있었다.

"오늘이 무슨 날이었더라. 아, 흥부차장 연봉 협상하는 날이었지."

때마침 놀부전무의 방문을 노크하는 소리가 나더니, 흥부차장이 들어왔다.

"놀부전무님, 언제나 건강하신 모습, 저의 기쁨이지 말입니다."

마음에도 없는 인사를 하는 흥부차장의 말투에 왠지 연봉을 확 깎아버리고 싶은 충동을 느낀 놀부전무는 '근로자 평균연봉 3,650만 원'이라는 신문 헤드라인에 밑줄을 진하게 긋더니, 신문을 흥부차장 눈앞에 보이도록 놓았다. 연봉 인상 포기하라는 제스처라 할 수 있겠다. 벌써 10년 넘게 놀부전무와 연봉 협상을 해온 흥부차장은 '아, 또 어떤 기자가 몹쓸 기사를 써서 내 연봉 협상에 고난을 안겨주는구나'라고 탄식했다.

"흥부차장, 어떻게 영업실적이 해를 갈수록 감소하고 있나? 이거 뭐 젊은 박주임하고 비교가 되니 말이야. 연봉 인상할 때가 아니잖아? 그냥 작년과 똑~같은 연봉도 감사한 거 아니야?"

역시나 놀부전무는 초장부터 강공이다. 벌써 40대 후반인 흥부차장, 언제 퇴직 당할지 모르는 입장에서 이렇게 놀부전무가 연봉 협상을 해주는 것만으로도 감사할 따름이다. 사실 그는 흥부차장이 회사생활을 이어갈 수 있도록 많은 도움을 주었다. 그런데 연봉 협상 때만 되면 이렇게 속을 뒤집어 놓는 것이다. 결과는 5,000만 원 연봉 동결!

흥부차장은 별 말 없이 놀부전무가 내민 계약서에 사인을 하고 자리에서 일어났다. 그리고 탕비실에서 믹스커피 두 개를 찐하게 더블샷으로 타서 옥상 휴게실로 올라갔다.

"하늘은 이렇게 푸른데, 내 연봉은 제자리로구나!"

누군가 옥상 휴게실로 올라오면서, 흥부차장이 하늘을 보며 중얼거리는 모습을 바라본다.

기획부의 이수팀장이다. 그는 연봉맥스그룹이 초창기 벤처기업일 때부터 월급을 모아 주식투자를 했다고 한다. 월급을 아껴서 종잣돈을 만든 과정도 대단하지만, 주식투자로 집도 사고, 차도 사고, 명문대 MBA 등록금도 내고, 결혼자금까지 부모님께 손 벌리지 않고 스스로 마련했다는 얘기는 회사에서 유명하다. 진정한 엄친아인 것이다.

흥부차장도 주식투자를 하지만, 언제나 깡통이나 쪽박인 전형적 개미투자자다. 이팀장에 대한 부러움과 질투가 섞여 말이 곱게 나가지 않는다.

"어이구, 기획부는 널널한가 봐. 이 시간에 후배 나부랭이가 옥상에 바람 쏘이러 오고 말이야."

"흥부차장님 독설은 개그맨 박명수를 뺨치는군요. 저도 흥부차장님처럼 바람 쐬러 올라왔어요. 바람이 참 시원하네요."

옥상 문이 또 열리더니 미스쪼와 박주임이 올라와, 반대편 구석에 앉아 이야기를 나눈다.

"얼씨구, 둘이 매일 저렇게 수다만 떨면 언제 일한다는 거야? 아차, 나도 빨리 처리해야 할 일이 있었지?" 혼잣말을 하던 흥부차장은 커피를 한숨에 들이키고는 연봉 협상 결과는 다 잊은 듯 사무실로 내려갔다.

흥부차장이 내려가자마자, 미스쪼와 박주임이 이수팀장 옆으로 다가왔다.

부서는 틀리지만 세 명은 옥상 휴게실에서 종종 대화를 나누며 허물없이 지내고 있었다.

"아~! 놀부전무가 매일 같이 커피 타 오라고 시키는데 화나 죽겠어요. 월급은 쥐꼬리만큼 주면서, 잡무는 다 시키고."

"미스쪼가 많이 피곤한가 보네. 그런데 박주임은 어제 술이 떡이 되도록 먹었나 봐. 아직도 술냄새가 풀풀 난다."

이수팀장의 말에 박주임은 "어제 친구들과 좀 달렸죠."라고 순순히 시인한다. 이수팀장은 박주임이 또 밤 사이 수십만 원을 카드로 긁었겠다는 생각을 한다.

사실, 어제는 박주임의 연봉 협상이 있었다. 놀부전무의 분위기에 이끌려 원하는 만큼 연봉 인상을 못했다고 한다. 작년에 나름 열심히 했고, 성과도 있어서 연봉을 4,000만 원으로 인상해 달라고 요구했지만 '다른 직원들과의 형평성 문제'라는 이유로 쥐꼬리만큼 인상한 3,500만 원에 만족해야 했다. 사실 어제 술을 과하게 마신 것도 홧김에 그랬던 것이다.

갑자기 이팀장이 정색을 하며 박주임에게 물었다.
"박주임, 회사 들어온 지 2년 다 되어 가는데 돈 많이 모았어?"

박주임은 이팀장의 갑작스러운 질문에 당황했다. 아무리 허물없는 사이라 하더라도, 직접적으로 재산상태를 물어보는 건 예의에 어긋난다는 생각도 퍼뜩 들었다.

그런데 "내 동생 같아서 물어보는 거야."라는 이팀장의 다정한 한마디에 저절로 대답이 나왔다.
"술값으로 다 썼죠, 뭐. 한푼도 못 모았어요."

박주임은 전형적인 한국 미혼 남성의 소비 패턴을 보이고 있었다.

옆에 있던 미스쪼가 혀를 찬다.
"남자들은 왜 술집에다 돈을 다 갖다 주는지 몰라. 월급도 나보다 많으면서 한푼도 못 모으다니. 나야 박봉이니까 그렇지만."

"사돈 남말 하네. 월급 타는 족족 명품 가방, 화장품에 옷 사 대느라 펑펑 쓴 사람이 누군데? 누가 누구를 흉봐?" 박주임이 비꼬듯 말한다.

미스쪼와 박주임, 어찌 보면 똑같은 상황일지 모른다.

사회초년생이 돈 쓰기 바쁜 것은 자연스럽고 일반적인 모습이다. 그리고 미혼 남성이 술값으로 월급의 대부분을 탕진하다가, 결혼할 즈음 되어서야 후회하는 것 역시 일반적인 양상이다. 뒤늦게 돈을 모으려 하지만, 낮은 이자율과 정체된 연봉으로 인해 역부족인 상태에서 결혼 적령기를 맞는 것이다.

"그러다 언제 돈 모아서 신혼집 구하고 결혼할래?"

이팀장이 작정을 한듯 두 사람을 몰아붙인다.

"한 살이라도 어릴 때, 돈을 모으고 효과적으로 불려야 되는데 종잣돈도 못 모으고 펑펑 써 대니 안타깝다."

미스쪼와 박주임은 자신들의 연봉으로는 죽었다 깨나도 집 사기는 힘들다고 생각한다.

그야말로 숨만 쉬고, 10년 동안 연봉을 그대로 다 모아도 서울에서 20평대 소형 아파트도 사기 어려운 것이다. 심지어 연봉을 5년간 고스란히 모아도, 20평대 아파트 전셋값도 되지 않는다. 집을 구하고 결혼하는 것 자체가 하늘에서 별을 따오는 것보다 더 어렵다는 것이다.

그런데 이팀장은 많지 않은 연봉으로 어떻게 재산을 불렸을까? 연봉맥스 그룹이 월급 자체가 지급조차 안 될 정도로 박하던 벤처기업 시절 2000년에 입사하였으니, 연봉도 그리 높지 않았을 것이고, 지금까지의 연봉 인상률을 감안해 보아도 4,000만 원대 중후반으로 예측된다. 4,500만 원 정도 된다고 해도, 그 연봉으로 집 사고, 차 사는 것이 가능하냐는 말이다. 박주임이 단도직입적으로 물었다.

"이팀장님은 도대체 어떤 방법으로 재산을 그렇게 불리신 건가요?"

맹랑한 박주임의 질문에 이팀장은 일말의 동요도 없이 이렇게 대답했다.

"월급 받는 족족 한푼이라도 아껴서 주식을 샀지. 샐러리맨의 모자란 연봉을 채우는 데는 주식투자가 최고야."

이팀장은 담담하게 말을 이어 갔다.

"만일 내가 주식투자가 위험하다고 회피했다면, 지금 박주임처럼 돈이 부족해서 힘들어 하고 있었을 거야. 지금은 연봉에 그렇게 연연해 하지 않아. 안정적으로 주식투자를 해나가면, 연봉으로 부족한 부분을 채울 수 있으니까. 돈에 대한 자신감이 있으니까, 연봉 협상 때도 강하게 나갈 수 있는 거야."

이팀장은 말을 마치고, 손님이 방문하기로 한 시간이라며 서둘러 사무실로 내려갔다.

"말도 안 돼! 다 뻥이야, 뻥!"

박주임은 이렇게 혼잣말을 하면서도, 마음 한켠에서 주식투자에 대해 흥미가 생기는 것을 외면할 수 없었다. 한편 미스쪼는 박주임보다 주식투자에 더 관심이 있었다. IT팀의 친한 언니, 안대리를 보더라도, 20대는 금방 흘러간다는 생각이 들었기 때문이다. 결혼 날짜를 받아 놓은 안대리와 이런 얘기를 나눈 적도 있었다.

"은송씨, 우리나라에서 여자들 평균 결혼 비용이 얼마인지 알아? 자그마치 6천에서 7천이야."

"언니도 6,000만 원 이상을 모았어요?"

"모으긴 모았지. 직장생활이 몇 년짼데. 내가 점심은 도시락으로 해결하고, 옷은 아웃렛에서만 사 입는 짠순이잖아. 문제는 요즘 전셋값이 엄청나게 뛰었다는 거야. 결혼자금도 집 마련하는 데 다 들어갔어."

미스쪼는 자신의 힘으로 결혼하기 위해서는 돈을 모아야겠다는 생각이 절실히 들었다. 미스쪼의 집안여자들은 모두 스스로 돈을 벌어 부모님께 도움받지 않고 결혼했다. 미스쪼의 언니들은 물론, 고모들까지 모두 본인 힘으로 결혼한 것이다. 명절 때 모이기라도 하면, 미스쪼의 고모들은 꼭 돈 많이 모아서 결혼하라고 압박을 가해 왔다.

대기업에 들어간 친구들과 비교하며 쥐꼬리만한 연봉에 모을 게 뭐 있냐고 생각했는데, 이팀장을 보고 생각이 바뀐 것이다.

연봉 3,000만 원, 실수령액은 대략 220~230만 원, 100만 원은 용돈 및 기본생활비 등으로 쓰고, 120만 원씩 매달 적금을 넣으면 서른 살 즈음에는 1억 원이 넘지 않을까?

당장 인터넷에서 '적금 계산기'를 검색해 계산해 보았다. 120만 원씩 72개월, 금리는 안타까운 현실인 1%로 해보니 8,800만 원이 조금 넘는 금액이 나왔다. 미스쪼가 생각한 1억에는 1천만 원 정도가 부족한 금액이다. 그렇다면 어떻게 해야 하지? 곰곰 생각을 하다 보니, 아까 이팀장이 했던 말이 다시 떠올랐다.

'월급 받는 족족 한푼이라도 더 주식을 샀지. 샐러리맨의 모자란 연봉을 채

우러면 주식투자가 최고야.

갑자기 미스쪼의 입에서 이런 말이 튀어나왔다.

"역시, 주식투자가 답이야!"

옆에 있던 박주임은 미스쪼의 뜬금없는 한마디에 어이없어 했다.

"미스쪼 괜찮아? 갑자기 웬 주식투자야?"

미스쪼는 추진력 있는 여자였다.

"박주임님, 우리 당장 이팀장님한테 주식투자 배워요."

"미스쪼! 너 주식에 '주' 자도 모르잖아. 어설프게 주식투자 하면 패가망신이야. 쪽박 몰라?"

하지만 미스쪼는 굴하지 않았다.

"박주임님은 싫으면 말아요. 저는 일단 이팀장님에게 주식투자를 가르쳐 달라고 부탁해야겠어요. 힘들겠지만 해볼 거예요."

미스쪼는 말을 마치고 옥상 휴게실을 내려갔다.

혼자 남은 박주임은 생각이 많다. '허참, 나도 해보고 싶긴 한데 대체 뭘 알아야지. 뭐 공부하는 셈 치고 미스쪼 배울 때 같이 배워 볼까?'

사무실에 내려온 미스쪼는 메신저로 이팀장에게 메시지를 남겼다.

"이팀장님, 오늘 점심 제가 살게요. 어떠세요?"

"미스쪼가 사는 거야? 사주는 거면 마다할 수 없지. 땡큐 베리 마치!"

"그러면 11시 30분에 지하 황씨 아저씨 식당에서 만나요~"

잠시 후, 미스쪼의 메신저에 박주임의 메시지가 도착했다.

"미스쪼, 나도 주식스터디할 때 옆에서 같이 배우면 안 될까?"

"박주임님도 관심 있군요. 이따가 11시 30분에 지하 황씨 아저씨 식당에서 만나기로 했어요. 내가 밥 산다고 했으니, 박주임님은 커피 사요."

연봉맥스그룹이 있는 여의도 지역의 평균 점심식사 시간은 11시 40분에서 50분 사이다. 여의도에서 맛집으로 불리는 식당이라면 11시 30분에는 가야지 기다리지 않고 식사할 수 있기에 미스쪼는 약속시간을 좀 일찍 잡았다.

오전 업무를 후다닥 해치우고 미스쪼와 박주임은 황씨 아저씨 식당에 도착했다. 일찍 서두른 덕분에 조용하고 대화하기 좋은 '방'을 잡을 수 있었다. 황씨 아저씨는 단골 대접한다고 칸막이가 있는 방으로 자리를 잡아주었다.

잠시 뒤 이팀장도 식당에 도착했다.

"황씨 아저씨, 언제 봬도 웃으시는 모습이 너무 보기 좋아요."

"허허, 내가 원래 인상 빼면 시체잖아, 저기 다들 기다리고 있으니 빨리 들어가 봐."

이팀장이 방으로 들어서자, 미스쪼는 바로 황씨 아저씨에게 음식을 주문한다.

"아저씨, 제가 부탁드린 특식 주세요."

"오, 특식이라? 기대되는데! 혹시 꽃등심 그런 건가? 황씨 아저씨네는 찌개 전문인데."

"후후, 이팀장님 좋아하시는 부대찌개에 꽃등심 조금 넣어 달라고 했어요."

"역시, 내 취향을 잘 아는구만! 맛있게 먹어 보자구."

황씨 아저씨가 끓여온 부대찌개에는 쌩뚱맞게 꽃등심이 몇 점 올려져 있었다. 이팀장, 박주임, 미스쪼 모두 부대찌개를 맛있게 먹으면서 이야기를 시작했다.

"꽃등심이 부대찌개에 있으니 쌩뚱맞긴 한데, 맛도 좋고 영양가도 좋을 것 같네."

부대찌개 매니아인 이팀장의 칭찬에 기분이 좋아진 미스쪼는 하고 싶던 얘기를 꺼낸다.

"이팀장님, 사실은 저희가 꼭 부탁드릴 게 있어서요."

"응? 부탁? 혹시 둘이 결혼해? 설마 사회 봐 달란 건 아니지?"

"무슨 말씀이세요. 술만 좋아하는 박주임과 어떻게 결혼해요. 돈 한푼 못 모았다는데요."

박주임도 그건 아니라는 표정을 지었다.

"그럼 무슨 심각한 부탁이길래, 두 사람이 이렇게 지하 밀실(?)에서 점심을 다 살까?"

미스쪼는 단도직입적으로 부탁했다.

"이팀장님, 저희한테 주식투자하는 방법을 가르쳐 주세요. 이제 돈 좀 모아보려고요. 제 목표가 서른 되기 전에 1억 만드는 건데, 은행 적금으로는 안 되겠더라고요. 이팀장님처럼 안정적으로 주식투자를 하고 싶어요. 이팀장님, 도와주세요~ 네에?"

이팀장은 고민을 한다.

"주식이 그렇게 쉬운 게 아닌데, 두 사람 모두 업무 때문에 시간 내기도 어려울 테고."

이팀장이 주저주저하자, 박주임이 미스쪼를 거들었다.

"이팀장님, 점심시간에 여기 황씨 아저씨네 식당에서 공부하면 되잖아요. 방으로 된 식당이니까 주변에 방해도 받지 않고 이야기하기 편하잖아요. 우리가 '옥상휴게실 삼총사'잖아요. 주식투자 제대로 좀 가르쳐 주세요."

이팀장은 쉽게 답하지 못한다. 박주임이 아무 말 없이 슬쩍 나가더니 잠시 후에 양손에 테이크아웃 커피를 들고 나타났다. 그 유명한 별다방의 카라멜마끼아또, 이팀장이 좋아하는 거였다. 박주임은 이팀장이 맛있는 것에 약하다는 것을 간파하고 있었다.

"이팀장님, 빨대에 입술 닿는 순간 약속하시는 겁니다."

멍하니 있다가 카라멜마끼아또를 한 모금 마신 이팀장은 '아차' 했지만 이미 늦었다.

"그래, 미스쪼와 박주임 주식투자 제대로 알려 줄게. 단, 내가 공부하라는 순서대로 천천히 차근차근 쌓아가듯 공부해야 해! 혼자 잘났다고 선행학습하면 안 돼! 약속!"

미스쪼와 박주임은 너무 기쁜 나머지 함성을 지르며 서로 껴안았다. 갑작스러운 행동에 본인들은 물론, 이팀장도 머쓱해졌다. 이팀장은 분위기를 바꾸려는 듯, 앞으로의 공부에 대해 얘기를 시작했다.

"이제부터 우리 직장인들처럼 주식에만 집중할 수 없는 사람들이 제대로 수익 내면서 투자할 수 있는 방법을 알려 줄게. 나와 주식공부를 할 때는 다른 교재는 필요 없어. 주식공부 한다고 차트나 매매기법 관련된 책 절대 사지 마. 뭐든 첫 단추가 중요해. 처음 배운 주식 습관이 평생 가게 되거든. 나쁜 투자 습관을 들이면 매년 깡통계좌를 만들게 되지. 내가 그 첫 단추를 확실히 채워 줄 테니까, 단단히 마음먹고 같이 공부해보자. 모르는 게 있으면 언제든 메신저로 쪽지 남겨 놔. 내가 시간 날 때 답신 줄게."

미스쪼의 좌충우돌

왕초보  투자도전기

| 적립식투자로 종잣돈 만들기 |

01 주식이 뭐예요?

오늘은 미스쪼와 박주임의 주식투자 스터디 대장정의 첫날이다.

월요일 11시 30분, 오늘도 일찍 식당에 들어서는 그들을 보고 황씨 아저씨는 조금 의아한 표정이다. 세 사람은 방으로 자리를 잡고 매콤한 김치전골로 점심식사를 했다. 이제 본격적인 주식투자 수업이 시작되었다.

주식은 권리다

"어떻게 얘기를 시작할까? 그래, 주식이 뭔지 개념부터 잡아 보기로 하자. 박주임은 미스쪼보다 회사생활을 몇 년 더 했으니, 잘 알겠지? 박주임, 주식(株式)이 뭘까?"

"주식이요? 다 아는 거 같은데 막상 답하려니 막연하네요."

"맞아, 나도 처음 주식 공부할 때, 뉴스나 언론에서 그렇게 많이 들어

보던 주식의 개념을 정의하자니 어렵더라고. 그런데 주식이라는 단어를 명확하게 이해해야 주식투자의 진정한 묘미를 알 수 있게 되는 거지."

이팀장은 주식의 기본 개념에 대해 말을 이어 갔다.

"주식(stock)을 이해하기 위해서는 일단 주식회사를 먼저 알아야 해. 우리가 다니고 있는 '연봉맥스'도 주식회사로 되어 있지. 주식회사는 주식이라는 증서를 발행하여 여러 사람으로부터 자본을 조달받은 회사라고 할 수 있어. 이때 주식회사에 투자하는 '여러 사람'이 바로 '주주'이고, 주주들에게 투자한 금액의 비율에 따라 주식이라는 증서를 나눠주게 되지. 즉, 주식은 주식수만큼의 비율로 회사의 권리를 가지는 증서라 할 수 있어."

미스쪼와 박주임은 이팀장의 한마디라도 놓칠세라 귀를 쫑긋 세우고 듣고 있었다.

"그런데 주식회사에 투자한 주주들은 투자한 자본 이외에 더 이상의 책임은 없어. 무슨 이야기냐 하면, 회사가 망하더라도 주주는 투자한 금액만 손해를 보지, 회사의 부채가 주주에게 전가되지는 않는다는 얘기야."

갑자기 미스쪼가 끼어든다.

"이팀장님, 질문 있어요. 회사가 망하더라도, 주주들의 손해는 투자금액만큼으로 한정된다는 게 이해가 안 돼요. 어젯밤에 주식이 뭔지 인터넷에 검색하다 보니 '유한책임'이라는 어려운 단어도 있던데요."

이팀장이 진지한 표정으로 미스쪼의 질문에 답해 주었다.

"예를 들어 우리 셋이 1억씩 투자해서 총 투자금 3억으로 개인회사를 차렸다고 해보자. 주식회사가 아닌 개인회사 말이야. 그런데 장사가 잘 안 돼서 빚이 쌓이고 부도가 난 거야. 그런 경우에 각자 1억만 손해 보고 끝나는 게 아니란 거지. 쌓인 빚이 많으면 개인 명의의 재산에 차압이 들어가는 사태가 벌어져. 즉 무한에 가까운 책임을 진다는 거야."

박주임이 갑자기 뭔가 생각난 듯 말을 거든다.

"얼마 전에 저희 친척분 회사가 부도났는데, 보증을 서 준 친척들까지 큰 피해를 봤다는 얘기를 들은 적이 있어요."

"맞아, 그게 바로 무한책임의 결과야. 그런데 주식회사는 달라. 투자한 회사가 부도가 날지라도 투자금액만 손해 보는 걸로 책임이 한정되는 거야. 그게 아까 미스쪼가 말한 유한책임이지. 투자 결과에 대한 불확실성을 줄여서 보다 많은 사람들에게 자본을 투자 받으려고 주식회사를 설립하는 거야."

주식은 16세기 대항해시대에 만들어졌다

"그런데요, 이팀장님! 주식회사란 얘기는 굉장히 오래 전부터 들어 왔는데, 역사가 꽤 오래되었을 듯싶어요. 주식의 역사가 슬슬 궁금해지는데요?"

박주임의 질문이 대견한듯 이팀장이 반긴다.

"박주임, 좋은 질문이야. 주식회사의 역사를 알면 주식회사란 개념을 조금 더 확실히 이해하기 쉽지. 주식회사에는 드라마틱한 역사적 배경이 숨어 있지! 혹시 대항해시대라고 들어 봤나?"

"게임 말인가요? 저 그 게임 너무 좋아해요. 천하무적 갈레온으로 해적들도 소탕하고 무역도 하고 은근히 중독성이 넘치는 게임이죠."

미쓰쪼가 살짝 눈을 흘기며 박주임의 말을 자른다.

"박주임님, 게임은 집에서 하시고요. 지금 이팀장님 말씀하시는 대항해시대
는 게임 이야기가 아니지 싶어요."

"미스쪼, 아니야. 박주임의 말도 맞아. 대항해시대 게임의 배경인 1500년대
가 주식회사의 시작이거든. 우리 역사 얘기 한번 해볼까? 1400년대 후반에 바
스코 다 가마(Vasco da Gama)가 아프리카를 돌아서 인도까지 가는 항로를 개
척했지. 지금은 별것 아닌 거지만, 당시의 항해술로는 정말 목숨을 걸었던 일
이야. 그런데 그들이 왜 목숨을 걸고 인도로 향했을까?"

박주임이 촐싹거리며 대답한다.

"그야 돈을 많이 벌려고죠."

"맞아, 당시 유럽에서는 인도의 향신료가 정말 귀한 식재료였거든. 엄청난
고가에다 구하기도 어려웠지. 유럽과 인도 사이에 오스만투르크가 길목을 막
고 있었기 때문이야. 인도의 향신료는 금덩어리와 같은 존재였어. 요즘 우리나
라로 치면 이탈리아의 명품 핸드백 같은 존재였던 거지."

명품 핸드백 얘기가 나오자 미스쪼의 눈이 커진다.

"어머, 그럼 배를 보내서 마구 실어 오면 되었겠네요."

이팀장이 설명을 이어 간다.

"그건 아니지. 인도까지 가는 길에 배가 침몰하기도 하고 해적을 만나기도
했지. 그리고 배를 만드는 데 돈도 많이 들었어. 몇 달씩 항해를 하자면 식량
도 많이 필요했고, 선원에게 주어야 할 급여도 만만치 않았지. 그러다 보니 처
음에는 왕실이 이 사업을 독점했어. 그런데 왕실 입장에서 보면 실패할 위험이
크고, 또 초기 투자비용이 너무 많이 드는 거야."

박주임이 잘난 척하며 말한다.

"그럼요. 지금도 원양어선 한 척 만드려면 수백억에서 수천억 이상이 들어가는 걸요."

"왕실 입장에서는 한번 갔다 오면 일확천금이 들어오는 사업을 포기할 수는 없고, 어떻게 하면 불확실성과 위험을 줄일 것인지가 고민이었지. 그래서 생각해낸 것이 바로 주식회사야. 왕실과 돈 많은 상인들이 서로 자본을 투자해서, 투자한 금액만큼 수익을 나누어 가지는 거야. 배가 태풍에 침몰해도 본인의 손실은 한정되고, 무사히 향신료를 가지고 돌아오면 대박이고! 꿩 먹고 알 먹고 지."

이팀장의 말을 바로 받아서 야무진 미스쪼가 야무지게 정리한다.
"대항해시대, 투자자의 부담은 줄이고, 수익은 투자한 만큼 나누자는 이해관계가 주식회사란 제도를 만들어낸 거군요."

이팀장이 맞장구를 쳐 준다.
"그렇지! 그 후 주식회사가 많이 생겼고, 급기야 1600년대엔 네덜란드에 주식거래소가 만들어졌을 정도였어. 당시 거래소는 향신료 무역을 하는 선단에 투자한 사람이 급전이 필요할 때, 자신의 투자 지분을 팔수 있는 장소였지. 수요가 충분해서 시장이 형성될 수 있었던 거야."

상장회사는 뭐고, 비상장회사는 뭘까?
"그런데 이팀장님, 우리 회사 말이에요. 그 뭐라더라 아, '비상장회사'라고 하던데, 주식회사랑 뭐가 다른 거죠?"
미스쪼의 질문에 박주임이 자신 있게 나선다.

"미스쪼, 그건 내가 설명해 줄게. 그러니까, 그게 말이야, 어~~ 막상 설명하려니 잘 안 되네."

머리를 긁적이는 박주임을 대신해 이팀장이 말한다.

"주식 공부를 하다 보면, 뻔히 아는 단어인데도 설명이 안 되는 경우가 많을 거야. 상장회사, 비상장회사도 그런 경우지. 주식회사에는 상장회사와 비상장회사가 있다고 보면 돼. 보통 '상장회사'라고 하면 한국거래소(www.krx.co.kr)라는 큰 시장에서 거래될 수 있게 명패를 내건 회사라고 이해하면 돼. 영어로는 'Listing'이라고 하지. 즉, 한국거래소가 정한 요건을 충족한 기업이 상장회사고, 상장회사만이 주식을 한국거래소에서 거래할 수 있는 거야."

미스쪼가 궁금한 표정으로 다음 질문을 한다.

"주식회사라고 다 똑같은 주식회사가 아니란 거네요."

"그렇지. 주식회사라도 한국거래소에서 요구하는 여러가지 조건에 해당되지 않으면 상장할 수 없어. 상장되어 있는 회사라도 조건에 미달하게 되면 시장에서 쫓겨나는 일이 벌어지지. 그게 상장폐지라는 거야. 한국거래소에 상장하기 위해서는 기업규모, 경영성과, 안정성, 건전성, 주식 분산 수준 등 까다로운 조건을 모두 통과해야 되지."

이팀장이 한숨 돌리고 다시 이야기를 시작한다.

"그뿐이 아니야. 상장된 후에도 상장기업은 다양한 의무와 책임을 요구받게 돼. 회사의 상황을 주주들에게 자세히 알려야 되는 공시 의무가 대표적인 거지. 거기에 거래량을 일정 수준 유지해야 하는 등 까다로운 조건도 붙어 있어. 심지어 회사의 재무구조가 나빠지거나 불미스러운 일이 생기면 상장폐지 되는 수모까지 겪게 되지."

왜 기업들은 상장을 하려 할까?

궁금한 건 못 참는 박주임이 불쑥 끼어든다.

"아니, 그렇게 까다롭고 복잡한데 왜 기업들은 상장을 하려고 하나요? 상장한다고 돈이 나오는 것도 아니고."

이 타이밍에서 그 질문이 나올 줄 알았다는 표정으로 이팀장이 설명을 이어간다.

"돈이 나올 수도 있지. 일단 상장을 하게 되면, 회사의 위상과 격이 달라지게 돼. 무슨 말인고 하니, 혹시 박주임 은행에서 대출받아 봤나?"

"아니요~~ 제가 돈은 못 모았지만 대출까지는 안 받았다고요."

정색을 하는 박주임이 우스웠던지, 이팀장이 웃음을 참으며 말한다. "직원 입장에서 가장 피부로 느낄 수 있는 게 대출이거든. 상장기업 직원들은 이자율이나 금액 한도에서 혜택을 많이 받지. 비상장기업 직원보다 저금리에 많은 돈을 대출받을 수 있다는 거야. 뭐 그런 건 새발의 피고, 더 중요한 게 있어. 대외적인 이미지가 엄청나게 좋아진다는 거야. 일단 상장기업이라고 하면 모두들 인정해 주는 분위기거든. 포털사이트에 회사 이름을 검색하면 회사의 주가가 바로 나오기도 하지. 일단 상장이 되면 소액주주들이 늘어나고, 그 기업을 분석하는 애널리스트가 나오게 되니 회사가 홍보되는 긍정적 효과가 큰 거야."

미스쪼가 놀랐다는 표정으로 한마디 한다.

"기업들이 왜 그렇게 상장을 하려는지 이제 알겠네요."

이팀장이 아직 끝나지 않았다는 표정으로 설명을 이어 갔다.

"미스쪼, 오늘 아침 경제신문에 나온 주식시세 봤어? 거기엔 상장회사만 나올 수 있다는 거 몰랐지? 그렇게 신문과 TV에 수시로 보도가 되니 당연히 기업 인지도가 올라가고, 좋은 인재들도 확보할 수 있는 거야."

"이팀장님, 또 다른 이유도 있나요?"

박주임이 해맑게 웃으면 물어본다.

"그럼! 제도적 측면은 아직 설명도 안 했어. 기업 입장에서는 유상증자를 쉽게 할 수 있고, 회사채 발행에도 유리하니 자금 확보가 쉬워지는 거야. 주주 입장에서는 주식양도소득세가 비과세 되는 혜택이 있고."

비과세라는 말에 박주임이 화들짝 놀란다.

"네? 진짜요? 그럼 제가 1,000만 원으로 상장회사 주식을 사서 5,000만 원에 팔아도 비과세란 말이에요?"

"그렇다니까. 일정한 기준 이하, 즉 대주주가 아닌 대부분의 개인투자자는 양도세를 내지 않아도 된다는 거야. 그 외에도 비상장회사에 비해 증권거래세가 낮게 적용된다는 잇점도 있지."

이팀장은 벌써 돈을 벌기나 한 듯 싱글벙글인 박주임을 놀리듯 말한다.

"물론, 박주임이 그 기업 대주주의 친척만 아니라면 비과세가 적용되는 게 맞아. 그렇지만 매도할 때 증권거래세는 부담이 되니까 꼭 기억해 둬야 해. 그런데 말야, 박주임! 그런 건 모두 수익이 날 때 얘기 아냐? 우리 박주임이 과연수익을 낼 수 있을까 몰라~?"

"하하~~ 제가 꼭 대박 터뜨려서 우리 이팀장님 최고로 좋은 술집으로 모시겠습니다."

박주임의 호언장담에 미스쪼가 제동을 건다.

"박주임님, 이제 막 공부 시작했는데 김칫국부터 마시지 말라고요. 앗, 그런데 벌써 사무실 들어갈 시간이에요. 언제 시간이 이렇게 빨리 간 거야?"

식당 벽에 걸린 시계가 한 시를 가리키고 있었다. 이팀장은 마무리를 해야겠다고 생각한다.

"자, 오늘은 이 정도로 접고 내일은 주식매매에 대한 본격적인 이야기를 시작하자고. 내일은 빨리 식사하고, 길 건너 EN증권 직원과 같이 이야기하자. 거기에 아는 사람이 있으니까 여러 가지 실무적인 이야기를 해 줄 수 있을 거야."

수업시간이 너무 짧다는 생각에 아쉬운 표정이 역력한 미스쪼와 박주임은 내일을 기약하며 자리에서 일어났다. 황씨 아저씨가 식당 문을 나서는 이팀장을 붙잡고 묻는다.

"요즘 방에서 무슨 이야기들을 그렇게 재미있게 해?"

"박주임하고 미스쪼에게 주식 공부 좀 시켜주느라고요."

"아아, 주식~~"

황씨 아저씨는 묘한 표정으로 '주식'이란 말을 길게 읊조렸다.

02 주식투자 어떻게 시작해요?

주식스터디 2일차

　수업 둘째 날, 오늘도 세 명은 황씨 아저씨 식당에 모였다. 그리고 잠시 뒤, EN증권의 노재균부장이 합석했다.

　"안녕하세요. 노재균입니다. 반갑습니다."
　중후한 목소리와 훤칠한 키, 미스쪼는 급관심을 표시한다.
　"와~ 노부장님, 연예인 같으세요."
　"허허 그런가요? 제 아내도 그런 이야기 종종 합니다."
　"네에? 품절남이시구나. 좀 아쉽네요."

　"미스쪼, 단념해. 노부장은 아주 예전부터 애인이 꼭 붙들어 잡았지. 사람 좋고 진실하거든. 오늘 이렇게 노재균부장을 초대한 것도 내가 만나본 증권사 직원 중에 투자자에게 가장 진솔한 얘기를 해주는 사람이어서야. 두 사람에게 큰 도움이 될 거야. 무척이나 바쁘신 몸인데도, 미스쪼와 박주임을 위해 내가 점심시간 좀 내어 달라고 부탁했지."

이팀장의 생색에 노부장은 조금 쑥스러워하며 화제를 바꾼다.

"이팀장님 부탁이라면 언제든 괜찮습니다. 오늘 메뉴는 이팀장님 좋아하시는 부대찌개로 할까요?"

"그건 어제 먹었죠. 오늘은 뭘로 할까나?"

메뉴판을 뒤적이며 박주임이 대답했다. 갑자기 생각난 듯 이팀장이 박주임과 미스쪼에게 물었다.

"아 참, 두 사람 주식 거래할 증권사는 선택했어?"

"주식 거래는 그냥 은행 통장으로 하는 줄 알았는데요."

미스쪼의 대답에 노재균부장이 얼른 대답했다.

"보통 처음 투자하는 분들께서 혼동하시는 사소한 일이긴 한데요. 주식투자를 하려면 꼭 증권사 계좌를 개설하고 거래하셔야 한답니다."

증권사에 가서 계좌를 만들자

박주임이 미스쪼를 타박하듯 한마디 한다.

"미스쪼, 그 정도는 삼척동자도 아는 거라고. 그런데 황씨 아저씨네 메뉴처럼 증권사도 너무 많아서 어떤 걸 선택해야 할지 모르겠어요."

"그렇죠. 증권사 수가 50여 개에 이르니 증권사 고르는 것도 일이에요. 그런데 그 증권사들은 온라인 중심의 중소형 증권사와 지점 중심의 대형 증권사로 크게 나눠진답니다. 온라인에 특화된 증권사는 매매수수료가 매우 저렴하다는 장점이 있어 데이트레이더들에게 인기가 많지요. 그에 반해 지점 중심의 대형 증권사의 경우는 매매수수료는 온라인 증권사에 비해 높지만,

직원의 밀착서비스를 받을 수 있고 다양한 금융상품을 거래할 수 있다는 장점이 있습니다. 또 규모가 작은 중소 증권사는 대형 증권사에 비해 지점 수가 부족해 업무 처리가 어려울 수 있겠지요."

노재균부장은 물 한모금 마신 뒤, 나머지 설명을 계속했다.

"어떤 증권사가 좋고 나쁘고가 있는 게 아니란 얘깁니다. 자신의 개인 성향,

이팀장의 **심화 스터디**

내게 맞는 증권사 선택하기

현재 우리나라에는 50여 개의 증권사가 경쟁하고 있다. 고객 입장에서는 어떤 증권사를 선택해야 할지 행복한 고민을 하게 된다. 금융상품에 특화된 증권사가 있고, 저렴한 매매수수료에 특화된 증권사도 있고, 금융지주사의 자회사인 대형 증권사도 있다. 이럴 경우, 아래 3가지 사항을 고려하면 보다 쉽게 증권사를 선택할 수 있다.

첫째, 매매를 자주할 것인가?
그렇다면 수수료가 저렴한 증권사를 선택하는 게 최선이다.

둘째, 직장인이라면 믿을 만한 지인을 찾아라.
매매를 자주 할 것이 아니므로 굳이 수수료가 저렴한 증권사를 선택할 필요는 없다. 믿을 만한 지인이 증권사에 있다면 그곳을 통해서 거래하면 여러 가지로 도움을 받을 수 있다.

셋째, 선택하기가 어렵다면 대형 증권사로 시작하는 것이 좋다.
대형 증권사는 다양한 금융자산을 보유하고 있고, 지점망이 은행 수준으로 많아서 편리하다.

넷째, 최근에는 스마트폰을 활용한 비대면계좌 개설을 활용하여 쉽게 주식계좌를 만들 수 있다.
증권사마다 수수료 이벤트를 진행하거나 특별한 서비스나 콘텐츠를 제공하는 경우가 많으니 스마트폰 시대 비대면계좌도 주식계좌 개설 시 고려할 만하다.

자료1-1 증권의 메카 여의도 풍경. 대형 증권사 본사 건물들이 스카이라인을 이루고 있다.

투자 성향에 잘 맞는 증권사가 좋은 증권사인 셈이죠. 매매 횟수가 많은 분들은 온라인 증권사처럼 수수료가 저렴한 증권사가 유리하고, 고액 자산가들은 업무 편의를 봐주는 대형 증권사가 유리합니다."

노부장이 설명하는 동안 박주임이 시킨 소고기전골이 나왔다.

식사를 하면서 박주임은 미스쪼에게 당장 증권사 계좌를 개설하자고 제안한다.

"우리가 노부장님을 알게 된 것도 인연이고, 업무 편의를 위해서도 회사에서 가까운 EN증권이 좋겠어요. 노부장님! 계좌를 만들려면 어떻게 해야 하죠?"

"다양한 방법이 있는데요, 지점에 내방하셔서 계좌를 만드는 게 가장 좋습니다. 물론 가까운 은행에서도 계좌 개설이 가능합니다. 2000년대 초반만 하더라도 은행에서 계좌가 개설되는 증권사가 많지 않았지만, 요즘은 거의 모든 은행과 제2금융권에서도 가능해졌어요. 만약 증권사 지점이 근처에 없으면 가까운 은행에서 증권 계좌를 만드실 수 있습니다. 증권 계좌 개설하실 때에는 신분증 꼭 지참하시고요, 도장은 없어도 됩니다. 서명으로 대신해도 되거든요."

"그럼 우리 식사 끝나자마자 노부장님 계신 EN증권에 가서 계좌 개설해요. 도움 많이 주셔야 해요. 아셨죠? 뿌잉 뿌잉~"

박주임이 과도한 애교를 보이는 미스쪼에게 면박을 준다.

"미스쪼, 과도한 애교는 민폐라고."

"두 사람이 오누이 사이 같군요. 당연히 도움 많이 드려야죠. 자, 식사 끝나셨으면 일어나시죠. 오늘은 제가 쏘겠습니다."

노부장이 앞장서고, 박주임과 미스쪼가 티격태격하며 그 뒤를 따랐다. 그들과 헤어진 이팀장은 자판기 커피 한 잔을 뽑아 들고, 옥상 휴게실로 향했다.

처음 증권 계좌를 만들었던 20대 초반, 대학생 시절이 떠올랐기 때문이다. 그 당시 두근거리던 느낌이 그대로 느껴졌다. 증권계좌를 만들면 발급되는 '증권카드'를 자랑스러운 자격증마냥 지갑 깊숙한 곳에 간직하던 기억도 났다. 하지만 한편으로는 당시 아무것도 모르고 주식시장에 뛰어들어 큰 낭패를 보았던 쓰린 추억도 연이어 떠올랐다.

이팀장은 박주임과 미스쪼에겐 자신이 초보 투자자 시절 겪던 상처를 반복하게 하지 않겠다고 마음먹었다.

03 주식매매 첫 경험! HTS 활용하기

주 식 스 터 디   3일차

삼총사가 식당에 들어서니, 황씨 아저씨가 반갑게 맞이한다.

"그냥 한 달 정도 그 방은 삼총사를 위한 방으로 예약 잡아 놓을까? 매일 똑같은 시간에 칼같이 오네?"

이팀장은 식사를 하면서 바로 교육을 시작했다. 식사를 끝낸 후 교육을 하다 보니 시간이 부족했기 때문이다.

"어제 증권계좌 개설은 했고, 노부장이 도와줘서 ID 만들고 증권 공인인증서까지 다 발급받았다면서?"

"물론이죠. 그 정도는 뭐 동네 꼬마도 하겠던데요."

박주임은 이제 모든 준비가 끝났다는 듯이 자신 있게 말했다.

HTS란 무엇일까?

"그럼 HTS는 사용해봤어? 우리 회사는 직원 PC에 HTS가 설치되어 있어도 뭐라 하지 않잖아?"

이팀장의 말에 두 사람은 어리둥절해 한다.

"HTS요? 그게 뭔데요?"

"이제 증권계좌도 있으니까, HTS를 사용할 줄 알아야 해. 앞으로 거래를 하는 데 있어 자주 보게 될 프로그램이야. Home Trading System의 약자로 HTS라 통용해서 부르고 있지."

"아, 그러고 보니 노부장님께서 ID하고 공인인증서 발급받고 나면 HTS도 사용할 수 있다고 했던 말이 기억나요. 인터넷뱅킹은 은행 웹사이트에서 하는데 증권 거래는 좀 다른가 봐요?"

미스쪼가 질문했다.

"물론 증권사 웹사이트에서도 거래할 수 있어. 주식매수/매도, 금융상품 거래, 온라인이체, 잔액조회 등 거의 대부분의 업무가 가능하지. 그런데 보통 주식투자하는 사람들은 HTS를 필수적으로 사용해. HTS에서는 사용하고자 하는 메뉴를 쉽게 볼 수 있고, 다양하게 화면을 구성해 정보조회와 매매를 편리하게 해주기 때문이지."

"아, 저번에 흥부차장님 자리에서 봤던 게 그거였나 봐요. 제가 가까이 가니까 당황하시던데요."

박주임은 얼마 전 흥부차장에게 영업보고하러 갔다가, 흥부차장이 놀라면서 급하게 닫았던 화면을 떠올렸다.

"그럴 거야. 흥부차장님이 HTS를 사랑한다는 소문이 나돌 정도로 아는 사람은 알고 있으니까. 하루 종일 켜 놓고 계시잖아. 가끔 놀부전무님한테 혼나기도 하지."

"그런데요, HTS가 증권사마다 모두 똑같나요?"

미스쪼가 아까부터 궁금한 걸 물어본다.

"그건 아니야. 증권사마다 HTS를 자체 제작하니까, 회사마다 특징들이 있어. 다만, 예전에 작은 증권사들은 공용으로 사용하는 경우도 있었지. 그런데 재미있는 건, 각 증권사의 HTS들이 서로 점점 닮아가면서 주요 기능은 표준화되었다는 거야. 그래서 한 증권사의 HTS를 제대로 익히면 다른 증권사 HTS를 활용하는 데 오랜 시간이 안 걸려. 마치 자전거를 배워 놓으면, 어떤 종류의 자전거든 다 탈 수 있는 것과 같아."

이팀장은 준비해 온 노트북을 펼쳤다. 노트북에는 HTS가 설치되어 있어서 바로 미스쪼와 박주임에게 보여줄 수 있었다.

HTS에서 꼭 활용해야 할 화면들

"자, 이게 바로 HTS야. 어때, 화려하지? 메뉴가 너무 많아서, 처음 보는 사람은 복잡하게 느껴질 거야."

"아, 정말 보기만 해도 머리가 아프네요. 꼭 알아야 할 HTS 중요 화면만 콕 찍어서 알려주시면 안 될까요?"

박주임이 머리가 아프다는 것도 이해가 되는 일이었다. HTS를 처음 보는 초보 투자자 입장에서는 화면이 많이 복잡하기 때문이다. 이팀장은 HTS에서 중요하게 보아야 할 화면에 대해 대략적으로 설명해주기로 한다.

"3가지 정도로 볼 수 있지. 주식주문, 종합화면, 관심종목이 그것이야. 주식주문은 보다 정확하게 주식 주문을 할 수 있도록 해주는 화면, 종합화면은 모든 정보를 보면서 주문까지 할 수 있는 화면, 관심종목은 말 그대로 관심 있는 종목만 따로 관리할 수 있는 화면이지. 자세한 내용은 각자 자습하도록!"

이팀장의 **심화 스터디**

HTS에서 눈여겨봐야 할 3가지 메뉴

대부분의 증권사 HTS에는 공통점이 있다. 바로 HTS 화면 상단에 주요 메뉴를 정리해 놓은 툴바가 있다는 점이다. 투자자들이 가장 많이 사용하는 기능들을 큰 버튼 형태로 구성해 놓은 '주요메뉴 툴바'가 화면 상단에 꼭 배치되어 있다.
그리고 주식주문, 종합화면, 관심종목. 이 3가지는 공통적으로 꼭 들어가며 **초보 투자자들도 쉽게 사용할 수 있도록 구성되어 있다.**

1. 주식주문 화면
주식 주문을 위해서 가장 쉽게 사용할 수 있는 화면이다. 2000년대 초반까지는 HTS의 주식주문화면에서 그야말로 주문만 가능했다. 하지만 고객의 요청에 따라, 주식주문창에 주가정보도 나오게 되고 작지만 주가차트도 표시되는 발전을 거듭한다. 조금 더 정확하게 주문할 수 있게 된 것이다.

2. 종합화면
VIP 고객들이 사용하던 화면을 약간 수정하여 일반고객들에게도 공개한 화면이다. 한 화면에 주가정보, 뉴스정보, 주문정보, 관심종목화면, 주문창까지 모두 갖추고 있다. 비교를 하자면, 위의 주식주문 화면이 해군 구축함과 같은 존재라면, 종합화면은 항공모함과 같다. 개인투자자 중에는 종합화면 하나만으로도 좋은 매매를 하는 경우도 있다. 각 증권사가 가장 공들여 만들어 놓은 화면이라 할 수 있다.

박주임은 주식공부에 점점 재미가 붙는지 목소리까지 진지해졌다.

"이팀장님, 주식투자는 배울수록 아는 것도 늘어나지만 모르는 것도 많아
지는 것 같아요. 지금 당장 HTS 화면도 눈에 익혀야 하고 말이죠."

"이제 겨우 시작이야. 한참 재미 붙을 때니까, 이때 제대로 공부해야 해,
알았지?"

그런데 미스쪼는 또 궁금한 게 생겼다.

바쁠 때는 MTS나 전화주문을 이용하라

"이팀장님, 박주임처럼 영업하느라 외부에 자주 나가는 사람들은 HTS 사
용을 못 하니 주식투자하기 어렵겠네요."

미스쪼의 질문에 박주임은 금세 풀죽은 표정이 되었다.

"어, 그리고 보니 난 하루 대부분의 시간은 외부업체 만나러 다니는데 큰
일이네! 이팀장님께 대신 주문해 달라고 부탁할 수도 없고. 이팀장님, 어떡
하죠?"

"걱정 마. 매매하는 방법은 여러 가지거든. 요즘 모두가 스마트폰 쓰지?
각 증권사마다 모바일트레이딩 앱(MTS)이 구축되어 있어서 앱을 스마트폰

에 설치하고 공인인증서만 옮기면 HTS와 거의 똑같이 사용할 수 있지. 그리고 증권카드에 증권사 대표 전화번호가 적혀 있잖아. 그 번호로 전화하면 ARS 주문도 가능하고, 콜센타 직원과 직접 통화하면서 주문할 수 있어.

박주임과 미스쪼는 오늘 당장 입금하고 주문을 넣고 싶었지만, 이팀장이 만류했다.

"아직 거래는 안 돼! 지금 두 사람은 군대훈련소에서 겨우 총 만져 본 신병하고 다를 바가 없어. 지금 총을 쏘면 십중팔구 사고가 난단 말이야. 내가 주문해보자고 하기 전엔 절대 입금하지 말고 기다려. 손이 근질근질하더라도 말이야."

박주임과 미스쪼는 내일을 기약하며 황씨 아저씨네 식당을 나왔다. 황씨 아저씨는 들어올 때와는 달리, 약간 기운 없이 나가는 미스쪼와 박주임이 이상했는지 혼잣말을 한다.

"방에서 계속 주식 이야기하는 것 같던데, 혹시 주식투자해서 말아먹었나?"

04 주식투자 정보 어디서 찾나?

주 식 스 터 디 4일차

황씨 아저씨 식당에서 주식투자 교육을 시작한 지 4일차 되는 날이다.

박주임과 미스쪼는 틈날 때마다 인터넷을 통해 주식투자에 관련된 자료를 조사하였다. 하지만 주식공부란 게 파고들면 파고들수록 미궁에 빠진 듯 너무도 어렵게 느껴졌다. 어디부터 손을 대야 할지도 모르겠고, 지금 보고 있는 자료가 정확한 건지도 알 수가 없었다.

"지금 즈음이면 서서히 주식 공부가 어려워지기 시작할 거야. 공부해야 할 양이 방대하거든. 그런 느낌 안 들었어?"

이팀장은 두 사람의 고민을 정확하게 콕 집어서 물어 보았다.

"맞아요. 그냥 HTS만 켜고 주문 넣으면 주식투자 시작하는 거라고 생각했는데, 그게 아니었어요. 투자할 회사에 대해서도 알아야 하고, 그 회사에 관한 뉴스나 분석자료도 찾아야 하고, 심지어는 경제현황, 미국, 유럽, 일본, 중국 등 주요 국가들의 증시상황도 봐야 하더라고요. 너무 어려워요."

증 권 관 련 웹 사 이 트 들 과 친 해 져 라

"어디에서 정확한 정보를 구해야 할지가 고민이지? 아마 두 사람 모두 포털사이트에서 그저 '주식투자'라는 단어만으로 검색했을 거야. 이게 우리 같은 샐러리맨들이 투자정보를 처음에 수집할 때 느끼는 한계일 거야. 오늘은 주식투자정보를 구할 수 있는 곳을 콕 집어서 알려 줄게."

'콕' 집어서 알려 주겠다는 이팀장의 말에, 두사람의 귀가 쫑긋 세워졌다. 이팀장은 어제처럼 준비해 온 노트북을 식탁 위에 펼쳤다.

"일단 큰 그림에서 주식투자 정보를 구하기 위해서는 다음이나 네이버에서 증권 관련 메뉴를 참고하면 돼. 투자에 꼭 필요한 다양한 증권정보와 커뮤니티가 구성되어 있지. 포털사이트 '다음'의 증권 메뉴(https://finance. daum.net/)에 직접 한번 들어가 보자. 어때, 정말 방대한 정보들이 다양하게 구성되어 있지?"

"정말 정보가 많긴 한데요, 이팀장님 생각에 투자할 때 꼭 필요한 정보들은 어떤 건가요?"

미스쪼는 방대한 증권정보를 접하니 조금 혼란스러웠다.

"자, 그러면 앞으로 주식투자에 꼭 필요한 자료 3가지를 콕 집어 줄게. 받아 적어."

자료1-2 포털사이트 다음의 증권(금융)면. 다양한 증권정보들이 총망라되어 있다.

미스쯔와 박주임 얼굴에 화색이 돌았다. 3가지만 알면 된다고 하니, 어려울 것 없다는 생각이 든 것이다.

"첫째는 기업분석 화면, 둘째는 전자공시, 셋째는 뉴스! 이렇게 3가지야"

"어? 주가 차트도 봐야 하는 거 아닌가요? 흥부차장님은 차트만 열심히 보고 계시던데요."

박주임이 이상하다는 듯 질문했다.

"박주임, 벌써 잊었어? 내가 며칠 전에 이야기했잖아, 차트 공부는 주식투자 초반에 하는 게 아니라고. 처음부터 차트를 보면 나쁜 투자습관이 생기게 된단 말이야. 기업 내용과 가치를 보고 투자해야 하는데, 처음부터 차트만 들여다보면 주식투자가 아닌 주식투기를 하게 되는 폐단이 있어."

이팀장은 약간 격앙된 말투로 박주임을 나무랐다.

박주임은 민망한 듯 어린아이처럼 아랫입술을 쭈욱 내밀었다.

"그것 봐요. 앞서가면 안 된다고요. 하나씩 차근차근~~"

자료1-3 다음의 증권 메뉴에서는 투자에 필요한 칼럼도 만날 수 있다.

미스쪼가 웃으면서 분위기를 바꿔 주었다.

"그 회사의 주식에 투자하려면 그 회사가 어떤 회사인지 알아야 하는 게 우선이지. 그래서 필요한 게 바로 '기업분석 화면'이야. 이 화면은 앞서 이야기한 증권 포털사이트, 포털사이트의 증권 메뉴, 그리고 HTS에서 찾을 수 있어. 간단하게 종목 이름을 검색하면 나오게 되는 메뉴 중에 있지. 그리고 HTS에서는 단독 메뉴로 '기업분석, 기업개요, 상장기업분석' 등의 이름으로 찾아볼 수 있지."

이팀장은 두 사람에게 포털사이트 증권 메뉴의 기업분석 화면을 보여 주었다.

"어쩌면 우리가 주식 공부를 하면서 가장 많이 보게 될 화면일 거야. 이 화면에는 회사의 개요, 수년간의 재무제표, 재무제표를 분석한 재무비율분석,

투자지표 등 방대한 기업 정보가 일목요연하게 정리되어 있지. 나는 초보 투자자들에게 차트를 먼저 공부하지 말고, 기업개요 화면부터 보라고 조언하는데 그만큼 매우 중요한 화면이야."

"어머, 메뉴를 누르고 들어가니까 정말 다양한 정보가 있네요. 아직은 어떤 의미인지 잘 모르지만, 이 화면 하나만으로도 큰 노력 들이지 않고 자세한 정보를 얻을 수 있겠어요."

미스쪼는 투자정보의 바다에 뛰어들었다는 생각에 들떠 있었다. 나름 회계업무를 하고 있다 보니, 비교적 쉽게 기업분석 화면의 주요 포인트를 파악할 수 있었던 것이다.

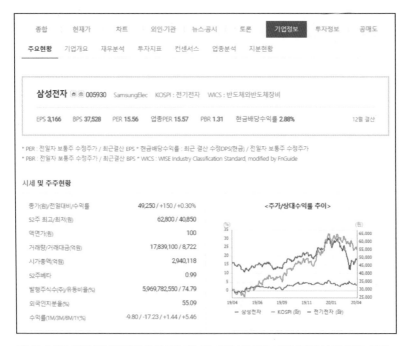

자료1-4 다음 증권면의 개별종목에서 조회 가능한 기업분석 화면. 다양한 내용이 기다리고 있다.

자료1-5 금감원 전자공시시스템(dart.fss.or.kr)의 초기화면. 상장기업은 물론, 일부 비상장기업 정보도 올라온다.

"영업만 하는 제가 봐도 좋은 정보가 많이 있네요. 기업분석을 해 놓은 요약 글도 있고, 실적 추이도 도표로 보여 주니 회사 상황이 쉽게 이해가 되네요." 영업통인 박주임 역시 쉽게 구성된 기업분석 화면에 놀라고 있었다.

"자, 두 번째로 전자공시 화면을 보라고 했지? 이 화면엔 금감원에서 운영 하는 DART(dart.fss.or.kr)와 한국거래소에서 운영하는 KIND(kind.krx. co.kr)가 있어. 금감원에서 운영하는 DART 전자공시 시스템의 경우, 비상장된 기업들의 정보까지도 올라와 있고 증권 포털과 일반 포털사이트의 증권 메뉴, 그리고 HTS에서도 볼 수 있어 투자자에게 가장 친숙한 사이트야."

"이팀장님, 회사명에 삼성전자를 넣어 보니 정말 다양한 공시정보가 올라와 있네요. 회사의 실적보고서, 주요 주주들의 주식 현황, 그 외에도 주주들이 꼭 알아야 할 정보가 모두 있는 것 같아요."

박주임은 그새 DART 화면에 푹 빠진 듯하다.

"상장기업들은 의무적으로 회사의 상황과 관련해 정기적으로 공시해야 하고, 거래소의 요청이 있을 때에도 공시해야 할 책임이 있어. 물론 주주들에게 성실하게 보고하기 위해서도 전자공시를 이용하지. 이렇게 전자공시된 내용은 카더라통신과 같은 루머가 아닌, 기업들의 공식정보니까 중요하게 활용하도록 하라고! 알았지?"

"넵! 공부해야 할 게 산더미처럼 쌓이는데도 이상하게 의욕은 더 강해지는 듯싶어요."

박주임과 미스쪼는 마치 별천지에 온 아이마냥 전자공시 화면과 기업분석 화면을 번갈아 보면서 신기해 했다.

"쉬어가는 의미로 전자공시에 얽힌 에피소드 하나 얘기해 줄까? 예전에 한 지인이 따님의 맞선 상대가 다니는 회사에 대해 알아봐 달라고 부탁하셨어. 상장기업은 아니었기에 자료를 찾기가 어려웠지. 포털사이트에서도 찾기 힘들길래, 전자공시(http://dart.fss.or.kr)에 들어가서 검색해 봤더니 그 회사가 나오더라고. 비상장기업이어도 튼실한 회사여서, 믿을 만하다고 말

번호	공시대상회사	보고서명	제출인	접수일자	비고
1	유 삼성전자	임원 · 주요주주특정증권등소유상황보고서	이인용	2020.04.10	
2	유 삼성전자	최대주주등소유주식변동신고서	삼성전자	2020.04.10	유
3	유 삼성전자	임원 · 주요주주특정증권등소유상황보고서	문형준	2020.04.09	
4	유 삼성전자	임원 · 주요주주특정증권등소유상황보고서	김태영	2020.04.08	
5	유 삼성전자	기업설명회(IR)개최(안내공시)	삼성전자	2020.04.07	유
6	유 삼성전자	임원 · 주요주주특정증권등소유상황보고서	국민연금공단	2020.04.07	
7	유 삼성전자	연결재무제표기준영업(잠정)실적(공정공시)	삼성전자	2020.04.07	유
8	유 삼성전자	임원 · 주요주주특정증권등소유상황보고서	안규리	2020.04.06	
9	유 삼성전자	임원 · 주요주주특정증권등소유상황보고서	이종우	2020.04.02	
10	유 삼성전자	사업보고서 (2019.12)	삼성전자	2020.03.30	연

자료1-6 DART에서 조회한 삼성전자의 전자공시 리스트

쓴드렸지. 지금 그 따님은 맞선 상대와 결혼해서 잘 살고 있다는 얘기~"

미스쪼와 박주임은 전자공시가 일상생활에도 활용된다는 사실이 흥미로웠다. 미스쪼는 얼마 전 들어왔던 소개팅 건이 생각났다. 상대방 남자가 다니는 회사가 어떤 회사인지 궁금했는데, 이제 DART로 알아볼 수 있겠단 생각이 들었다.

"자, 마지막으로 기업뉴스 화면! 앞서 이야기한 기업분석, 전자공시와 마찬가지로 기업뉴스 화면도 일반 포털사이트의 증권메뉴, HTS 화면에서 모두 조회할 수 있어. 이 뉴스 화면이 중요한 이유는 한눈에 해당 기업의 최신 정보를 파악할 수 있기 때문이지."

"우와, 다음이나 네이버에서도 검색창에 회사 이름만 치니까 바로 종목뉴스까지 조회되네요. 그런데 대기업들 뉴스는 하루에도 수십 개씩 올라와서, 정보가 넘쳐나네요. 이팀장님, 도대체 어떤 뉴스를 중요하게 봐야 되죠?"

미스쪼는 정보의 홍수 속에서 어떤 정보를 봐야 할지 감이 오지 않았다.

[I-리포트] 포스코, 1조원 자사주 매입 주주가치 제고 긍정적 – 키움증권
[아이뉴스24 한상연 기자] 키움증권은 13일 포스코가 1조원 규모의 자사주 매입에 나선 것에 대해 주주가치 제고에 긍정적이라고 평가했다. 13일 금융투자업계에 따르면 포스코는 지난 10일 1조원 규모의 자사주 취득 신탁계약 체결 결정을 발표했다. 계약기간은 이날부터 ...
아이뉴스24 · 2020.04.13

포스코 1兆 자사주 매입, 주가에 매우 긍정적..목표가↑-키움
[이데일리 박종오 기자] 키움증권은 포스코(005490)의 1조원 규모 자사주 매입 결정이 주가에 긍정적 영향을 미칠 것이라고 평가했다. 이에 따라 목표 주가를 기존 1주당 21만원에서 26만원으로 24% 상향 조정 ...
이데일리 · 2020.04.13

"포스코 1조 자사주 취득, 강력한 주가방어 의지"-유진
[이데일리 유현욱 기자] 유진투자증권은 13일 POSCO(005490)의 1조원 규모 자기주식(자사주) 취득 신탁 계약 체결이 강력한 주가방어 의지에서 비롯했다고 진단했다. 투자의견은 '매수', 목표주가는 28만원을 ...
이데일리 · 2020.04.13

자료1-7 다음 증권면에서 조회한 POSCO의 기업뉴스

"뉴스가 많긴 많지. 인터넷 매체들이 늘어나면서 기사들이 쏟아져서 그래. 일단 관심 있게 봐야 될 뉴스는 해당 기업을 분석한 증권사의 리포트 요약 기사야. 우리가 지금 보고 있는 POSCO뉴스를 예로 들어 볼게. 아래서 두 번째 '포스코 1조 자사주 취득, 강력한 주가방어 의지'란 제목으로 끝에 증권사 이름이 따라 붙어 있는 기사 보이지? 이게 바로 그 기업을 분석한 증권사 리포트를 뉴스화 한 거야."

"어, 정말 그 뉴스만 증권사 이름이 붙어 있네요."
박주임이 새로운 걸 발견한 것처럼 신기해 했다.
"보통 이런 뉴스는 최근 해당 기업의 중요 포인트를 분석한 증권사 리포트를 기반으로 작성되기 때문에 매우 요긴하게 활용할 수 있지. 모든 뉴스를 다 보면 좋겠지만 건너뛰어도 될 뉴스들도 많아. 광고가 섞여 있는 경우도 많고. 예를 들어 '대박 급등주' 같은 뉴스는 광고인 경우가 많아. 아마 전체 뉴스 중 10% 정도는 될 거야. 그런 뉴스는 과감하게 건너뛰도록!"

출퇴근시간 스마트폰으로 볼만한 주식정보

사실 미스쭈와 박주임이 오늘 꼭 물어 보자고 한 것이 있었다. 출퇴근 시간에 스마트폰으로 볼 만한 주식정보가 궁금했던 것이다.
"이팀장님, 저희가 출퇴근하는 데 보통 한두 시간씩은 걸리거든요. 이런 자투리 시간에 스마트폰으로 투자정보를 검색해 보면 좋겠다 싶어서요. 이팀장님은 출퇴근 시간을 어떻게 활용하세요?"
이팀장은 자신이 어떻게 하는지 생각을 정리한 다음, 말문을 열었다.

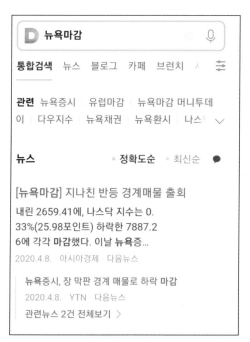

자료1-8 '뉴욕마감'으로 검색하면 간단하게 미국시장과 경제 흐름을 파악할 수 있다.

"나는 아침 출근길에 해외증시가 어떻게 마감되었는지 뉴스를 검색해. 스마트폰 브라우저로 '뉴욕마감'을 검색하면 미국증시가 어떻게 마감되었고 어떤 이슈가 있었는지 여러 매체에서 자세한 뉴스를 출고하기 때문에, 한눈에 미국시장 돌아가는 것을 알 수 있지. 그리고 연관검색어로 '유럽마감'을 검색하면 미국시장보다 먼저 마감된 유럽증시의 주요 이슈를 한눈에 파악할 수 있어. 1년에 한두 번씩은 그리스 위기, 이탈리아 위기 등이 계속 언급되다 보니 '유럽마감'도 꼭 지켜봐야 해."

이팀장은 이어서 퇴근시간에 봐야 할 기사들도 알려 주었다.

"퇴근시간엔 '아시아증시마감'으로 검색하면 한국, 일본, 중국 등 아시아권의 증시를 종합해서 뉴스로 확인할 수 있어. 이런 뉴스들을 확인하면 요즘 증시가 어떤 이유로 이렇게 흘러가는지, 큰 흐름을 파악할 수 있지."

마지막으로 이팀장은 주식투자를 했을 때 얻을 수 있는 이점을 몇 가지 더 설명했다.

"주식투자를 하면서 다양한 정보를 접하다 보면 단순히 주식시장에 대한 것뿐 아니라 세상을 보는 눈도 달라지게 돼. 돈에 대한 시각도 명확해지고, 자본시장이 어떻게 흘러가는지, 정부정책이 어떤지, 경제는 제대로 돌아가고 있는지, 모든 흐름을 알 수 있게 된다고. 나중에는 다른 친구들보다 훨씬 철들어 있다는 느낌을 받게 될 거야."

본격적으로 주식투자를 해보고 싶은 마음이 굴뚝 같았던 미스쪼와 박주임은 거의 동시에 이팀장에게 물었다.

"종잣돈 만드는 방법은 언제부터 공부하나요?"

"두 사람 의욕이 대단한데? 서로 말도 딱딱 맞아떨어지고. 오케이! 그럼 내일 이번 주 마지막 강의는 '주식투자로 종잣돈 만들기'야. 내 체험담을 들려 주면서 본격적으로 수업이 진행될 거야. 정신 바짝 차려! 알았지?"

"수업 아직 안 끝났나? 벌써 1시 10분인데, 빨리들 사무실 올라가야겠는 걸? 놀부전무 벌써 엘리베이터 타고 올라갔으이."

황씨 아저씨의 말에 놀란 미스쪼와 박주임은 헐레벌떡 사무실로 뛰어 올라갔다. 유유히 자리에서 일어나던 이팀장이 황씨 아저씨에게 물었다.

"혹시 황씨 아저씨도 관심 있으신 거 아니에요?"

"방 앞을 왔다갔다하면 저절로 들리던데 뭘. 나중에 나도 청강생 할게. 그런데 점심시간에는 내가 너무 바빠서 말야."

"네, 시간 되시면 나중에 같이 수업 들으세요."

황씨아저씨는 이팀장의 말을 못 들은 척 테이블만 열심히 정리하고 있었다.

05 적립식 투자로 종잣돈 키우기

주식 스터디 **5일차**

드디어 불금(불타는 금요일), 박주임과 미스쪼는 살짝 들떠 있었다.

"이팀장님, 오늘 불금인데 스케줄 없으세요? 저는 강남 클럽에서 친구들하고 밤새 놀 계획입니다. 생각만 해도 몸이 들썩들썩하는 걸요."

박주임의 말을 받아 미스쪼가 말했다.

"저는 친구들하고 대학로 맛집 찾아가기로 했어요. 저는 건전하게 놀 계획인데, 박주임님은 오늘도 또 술이에요?"

박주임은 어제도 신나게 술자리에서 달렸다. 좋은 술집 찾아다니다 보니, 술값도 많이 나가고 속도 쓰렸다. 이팀장이 박주임 얼굴을 보더니 한마디 한다.

"박주임, 불금도 좋지만 이러다 언제 종잣돈 만들겠어?"

박주임은 순간 뜨끔했다. 주식 공부 시작하면서 술을 줄이겠다고 다짐했는데, 어젯밤 또 수십만원을 술값으로 날린 것이다. 그러나 어쩌겠는가? 이미 결제된 카드와 마셔 버린 술인 것을……

"오늘부터 주식투자로 종잣돈 만드는 방법에 대해 이야기해 보도록 하자. 일단 두 사람에게 미션을 줄 텐데, 바로 '주식투자로 종잣돈 1,000만 원 만들기'야."

이팀장의 말에 두 사람의 표정이 엇갈렸다. 어찌 보면 작은 금액이지만, 어찌 보면 쉽지 않은 목표였기 때문이다. 박주임처럼 월급을 모두 써 버린다면 1,000만 원이 너무도 크게 느껴질 수 있지만, 마음만 먹으면 1년 안에 쉽게 만들 수 있는 목표치였기 때문이다.

"1,000만 원이란 돈의 의미는 매우 커. 생각해 봐, 백만 원 단위의 돈은 직장 초년생도 쉽게 만들 수 있어. 마음먹고 한두 달 모으면 100만 원 단위는 금방 모이잖아. 그런데 조금 어렵지만 1,000만 원 목표를 달성했다고 해 봐. 그 다음 목표는 억 단위가 되는 거야. 새로운 목표를 향한 첫걸음이 되는 의미 있는 액수란 거야."

"예전에 저희 고모도 그런 말씀하신 적 있어요. 1,000만 원 만들기가 어렵지, 그 다음 2천, 3천 모으는 건 쉽다고요. 그런데 저는 아직 모아 둔 돈이 없는데, 어떻게 시작하죠?"

미스쪼가 조금 기죽어 말했다.

"나도 마찬가지야. 매달 술값으로 들어가는 돈만 해도 100만 원이 훨씬 넘으니 월급날만 되면 술만 퍼먹고 다닌다고 부모님께 야단맞는다고."

박주임의 말을 듣던 이팀장이 나섰다.

"미스쪼 고모님 말씀이 맞아. 직장 초년생에게 1,000만 원은 아주 중요해. 1,000만 원 달성되는 순간 2천, 3천, 5천만 원은 순식간에 쌓이게 되거든. 고모분들 세대엔 금리가 10% 가까이 되었으니 더 쉬웠을 거야. 이젠 종잣돈 1,000만 원을 만드려면, 시작부터 주식으로 불려가야 한다고."

이팀장은 공부를 시작하기 전에 일단 본인이 주식투자로 종잣돈을 모았던 과정을 두 사람에게 설명해 주기로 한다.

이수팀장의 종잣돈 1,000만 원 만들기!

이수팀장은 2000년 벤처회사였던 연봉맥스에 입사했다. 당시 벤처 광풍이 불어 대학을 다니다가 휴학하고 벤처기업에 입사한 경우가 많았는데, 이팀장이 그런 케이스였다. 1999년부터 어설프게 주식투자를 시작했던 이팀장은 IT붐을 타고 잠깐 큰돈을 벌었지만, 다음해에 모든 수익금을 까먹고 원금 손실까지 보는 최악의 상황을 경험하기도 했다.

2000년 가을 벤처기업이었던 연봉맥스에 입사하던 당시 그의 연봉은 1,600만 원, 월급으로는 대략 120만 원이 들어왔다. 이팀장은 주식투자로 종잣돈을 키워 꼭 성공하겠다는 독한 마음을 가지고 매달 월급이 들어오면 100만 원씩 주식을 사들였다. 월급의 80% 이상을 투자한 것이다. 입사 이후 이팀장은 제대로 투자하겠다는 마음으로 '가치투자'를 연구했고, 2000년 10월 첫 월급이 들어왔을 때부터 당시에는 저평가된 가치주인 '현대미포조선, 코리아나, 웅진코웨이(현재 코웨이)의 주식을 매달 매수했다.

말하자면 '적립식'으로 주식투자를 한 것이다.

이팀장은 단 20만 원으로 생활비를 충당했다. 더 아끼고 싶었지만 회사생활도 해야 하고 여자친구와 데이트도 해야 해서 더 줄이기는 어려웠다. 때로는 교통비를 아껴 보겠다고 회사 숙소에서 기숙하며 꾀죄죄하게 지내기도 했다.

이렇게 악착같이 노력한 끝에 이팀장은 8개월 만에 종잣돈 1,000만 원이라는 목표를 달성했다. 이렇게 빠른 시간 내에 목표 달성이 가능했던 것은 바로 주식투자를 했기 때문이다.

이팀장이 주식투자를 시작했던 2000년은 매우 살벌한 시기였다. IT버블이 깨지면서 코스닥지수는 2,900p대에서 500p대로 1/6 수준으로 폭락하였고, 코스피 종합주가지수도 1,000p에서 500p 이하로까지 밀리는 그야말로 반토막 장세였던 것이다. 이렇게 전체 시장은 어려웠지만 이팀장은 정석투자로 차곡차곡 돈을 불려 갔다. 오히려 주식시장의 하락기가 더 좋은 기회가 되었다는 생각도 든다.

그 이유는 두 가지다. 가치투자를 했던 이팀장의 경우, 저평가된 가치주가 더 저평가된 구간에 들어가면서 매력이 부각되었다는 점이 첫 번째 이유다. 그리고 주가가 하락할 시기에 더 많은 주식을 사들일 수 있었다는 점이 두 번째다. 이런 이유로 평균매수단가가 급격하게 하락하면서, 수익이 늘어났던 것이다.

주식이든 펀드든 적립식 투자자들은 주가가 하락할 때 적립을 중단하는 경우가 많은데, 이는 잘못된 것이다. 이팀장의 투자 성적표를 보면 확실해질 것이다. 다음 도표를 보면 2000년 10월부터 8개월간의 평가금액이 우상향하는 흐름을 보이고 있다.

이팀장이 매달 꾸준히 사들이던 세 개 종목의 주가는 2001년 봄부터 꽃을 피우면서 급격히 자산을 키워 주는 결과를 가져왔다.

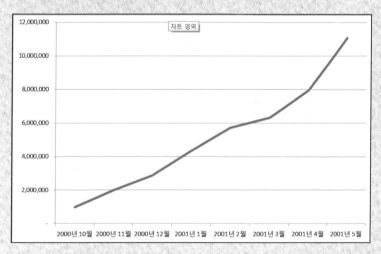

자료1-9 이팀장의 종잣돈 1,000만원 달성 당시의 총평가금액 흐름

06 주식투자 종잣돈, 독하게 모으고 불려라

이팀장의 과거 스토리를 들은 미스쪼와 박주임은 자신도 모르게 박수를 쳤다.

"정말 대단하십니다. 이팀장님, 와우! 월급의 80% 넘는 돈을 투자했던 절제력, 종목 발굴의 탁월함, 그리고 그 뚝심에 박수를 보냅니다."

이팀장의 1,000만원 종잣돈 만들기 스토리를 듣고 나니 박주임도 서서히 자심감이 생겼다. 그런데 이팀장이 박주임에게 질문을 던졌다.

"박주임 우리끼리 하는 얘긴데, 지금 연봉이 얼마 정도 되지?" 예전 같았으면 그런 거 묻는 건 예의가 아니라며 까칠하게 쏘아붙였을 박주임이지만, 이제는 180도 달라졌다.

"이번에 협상된 연봉이 3,500만 원이에요. 월 실수령액으로는 이것저것 떼고 대략 250만 원 정도고요. 회사 다니는 다른 친구들에 비해서는 좀 낮은 편이지만, 이태백인 친구들에 비하면 다행인 거죠. 사실 백수 친구들 술 사 주다 보니 돈이 모이지 않긴 해요."

"작년에 박주임이 올린 실적에 비해서는 월급이 적긴 적구나. 자, 우리 250만 원으로 플랜을 세워 보자. 박주임은 자취를 해서 주거비가 드니까, 현실적으로 한 달에 100만 원 정도 모으는 것으로 하는 게 어때?"

"이팀장님 말이 맞아요. 요즘 렌트푸어라는 말이 있잖아요. 한 달 월세가 50만 원이나 하죠. 거기다 관리비 공과금 생활비까지 합하면, 100만 원은 매달 날아가는 거죠. 그런데 여기다 매주 수십만 원씩 술값으로 썼으니 저절로 반성이 되네요."

"그럼 박주임은 조금 더 노력해서 20만 원 더 늘린 매달 120만 원씩 적립식 주식투자로 종잣돈을 쌓아가는 걸로 결정! 다음 미스쪼는 연봉하고 월급이 어떻게 되지?"

이팀장의 질문에 미스쪼가 부끄러운 듯 말한다.

"제 연봉은 3,000만 원이에요. 박주임님과 마찬가지로 또래 친구들과 비교할 때는 평가가 엇갈려요. 백수인 친구들에게는 선망의 연봉이고, 대기업에 다니는 친구들에겐 아마 박봉으로 보이겠죠. 월급으로는 220만 원 조금 넘어요."

"그래도 미스쪼는 박주임보다 돈 모으기가 유리하지. 부모님과 같이 사니까 주거비와 식비가 들어가지 않잖아. 그런데 화장품, 의복비가 남자들보다 많이 들어가니 이러한 점을 감안하면 미스쪼도 한 달에 120만 원 정도 모을 수 있지 않을까?"

"네 좋아요, 이팀장님!"

혹시 더 모으라고 할까 봐 걱정했던 미스쪼가 잽싸게 대답한다.

박주임과 미스쪼는 이제 '제로 포인트'에서 매달 120만 원씩 적립식으로 주식투자를 시작할 것이다. 두 사람 모두 조금 더 쥐어짜면 한 달에 150만 원까지도 적립금을 늘려갈 수 있겠지만, 지금까지의 소비습관을 한번에 줄이기는 어려울 것이므로 그렇게 결정했다.

"그런데요, 매달 120만 원씩 적립만 해도 9개월 뒤에는 1,000만 원이 넘어 있을 텐데, 그때는 어떻게 해야 하죠? 계속 똑같이 적립을 해야 하나요? 아니면 다른 전략이 필요한가요?"

박주임이 중요한 질문을 했다.

"아주 좋은 질문이야. 1,000만 원이 된 순간부터는 재산의 레벨이 달라지게 되지. 그때부터는 조금만 신경 써 주면 되는 주식혼합전략(자산배분전략)을 활용해야 해. 어찌보면 그 시점부터가 투자의 하이라이트가 될 거야."

이팀장이 앞으로의 진도를 미리 언급했다.

"저 이팀장님, 앞으로 다가올 월급날에 어떤 주식을 사야 할지 모르겠어요. 그냥 아무 주식이나 사면 안 되잖아요?"

미스쪼가 계속 궁금했던 것을 못 참고 물어 봤다. 이팀장은 총을 들려 주고서, 총알을 장전하는 방법은 알려 주지 않았던 것이다.

"흐흐, 두 사람 모두 몸이 근질근질한 것 같구만! 그럼 다음 강의부터는 본격적으로 어떤 종목을 사야 하는지, 그리고 어떻게 운용해야 하는지 알려 주지. 오늘 강의는 여기서 끝!"

황씨 아저씨네 식당에서 나온 삼총사는 IT팀의 안대리와 마주쳤다. 지난 주 토요일 결혼식을 올린 새 신부 안대리는 신혼여행에서 다녀온 뒤, 직원들에게 인사를 하는 중이었다.

"미스쪼, 결혼식 와 줘서 고마워. 이팀장님과 박주임도요."

"어머, 언니! 신혼여행 다녀오더니 살이 쪽 빠졌네. 신랑이 언니 잠 안 재우나 봐."

안대리를 놀리는 미스쪼에게 박주임이 혀를 차며 말했다.

"이런, 결혼도 안 한 처녀가 못 하는 얘기가 없어~"

"그게 미스쪼 매력인 걸요. 그런데 세 분은 늘 같이 다니시네요."

안대리의 말에 박주임이 너스레를 떤다.

"요즘 저희가 이팀장님께 주식투자에 대해 배우고 있거든요. 돈 열심히 모아 우리도 안대리님처럼 결혼해야죠."

"어머, 그래요? 저도 주식에 대해 공부하려 했거든요. 결혼자금 쓰고 남은 돈이 좀 있는데, 어떻게 굴려야 할지 몰라서요. 혹시 저도 끼면 안 될까요? 네, 이팀장님?"

안대리의 갑작스러운 요청에 이팀장은 박주임과 미스쪼를 쳐다봤다.

미스쪼가 잽싸게 대답했다.

"이팀장님만 좋다면 우린 OK야. 언니는 예전에 주식 좀 해 봤으니까 금방 따라올 수 있을 거야. 이팀장님, 괜찮죠?"

이팀장도 시원스레 대답했다.

"그럼 다음주 월요일부터 11시 30분까지 황씨 아저씨 식당으로 오세요.

강의 6일차인데, 주식투자 본론이 시작되거든요."

"네 많이 알려 주세요. 결혼하고 나니, 돈이 정말 중요하단 생각이 들어요. 그럼 다음주에 봬요."

주식투자 스터디 멤버는 안대리가 추가됨으로써 사총사가 되었다.

07 초보가 궁금해 하는 Q/A 모음

사무실에서 업무를 보고 있던 이팀장의 메신저에 미스쪼와 박주임의 질문이 올라왔다. 이팀장은 퇴근 이후, 쌓인 질문들에 하나씩 답해 주었다.

Q 주식시장도 문을 닫나요? 은행이 4시에 문 닫는 것처럼요.

A 정규시장의 본 거래시간은 9시부터 15시 30분까지로 보면 돼. 거래는 되도록이면 이 시간대에 하는 게 좋아. 거래량이 충분하기에 거래하기가 쉽거든. 시간이 지났더라도, 15시 40분에서 16시까지는 '시간외 종가매매'라고 해서 그날의 종가 기준으로 거래를 할 수 있는데, 매수나 매도물량이 충분하지 않을 경우 거래가 안 될 가능성도 있어.

그 시간을 놓쳤더라도 16시부터 18시까지 '시간외 단일가매매'라고,

일정 시간 간격마다 호가접수를 받고 체결해주는 제도도 있어. 그리고 아침 7시30분~8시30분까지는 '장 개시 전 시간외 종가매매'가 있어서, 전 거래일의 종가로 주문을 넣을 수 있어.

이런 기회를 모두 놓쳤다 싶으면, 잠자기 전 HTS에서 예약주문을 걸어놓으면 돼. 다음날 정규시장에서 거래될 때 예약주문으로 걸어놓은 가격으로 주문이 들어가니까 유용하게 활용해 보라고.

Q 가격제한폭이 뭐예요? 상한가와 하한가의 개념도 잘 모르겠어요.

우리나라 주식시장에서는 급격한 시세 변동에 따른 위험으로부터 투자자를 보호하기 위해, 기준가격(보통은 전 거래일 종가) 대비 상하 30% 제한을 두고 있어. 쉽게 이야기해서 전일 종가보다 30% 높은 가격이 상한가로 설정되고, 30% 낮은 가격은 하한가로 정해지지. 예를 들어 전일 1만 원으로 종가가 형성된 종목이라면, 오늘의 상한가는 1만 3,000원, 하한가는 7,000원으로 결정된다는 말이지.

그리고 상한가와 하한가의 차이를 가격제한폭이라고 달리 부르기도 하는 것이니 너무 어려워 말 것!

Q 예수금이 뭐죠? 그리고 D+1일, D+2일이라는 용어가 있던데 머리 아파요.

예수금은 증권계좌에 있는 현금으로 이해하면 되는데, 이 금액이 꼭 주문 가능한 액수는 아니야.

왜냐하면, 주식거래는 D+2일 결제 제도이기 때문이지. 무슨 말이냐 하면, 만약 오늘 박주임이 주식을 100만 원어치 샀다면, 그 현금이 오늘 바로 빠져나가는 게 아니란 거야. 영업일로 이틀 뒤에 계좌에서 빠지게 되지. D+1일은 다음 영업일, D+2일은 다다음 영업일이기 때문에 박주임의 100만 원은 수수료를 감안해 D+2일에 빠져나가게 되어 있어. 그리고 나중에 주식을 파는 경우엔 D+2일에 현금이 들어오게 되어 있지.

Q 주식투자를 하면 보너스로 배당금이 생긴다는데, 배당금은 또 뭔가요?

배당금은 기업이 주주들에게 지난 회계연도의 수익에서 일정 부분 나누어 주는 돈이라 이해하면 될 거야. 회사가 꾸준히 사업 잘하고 안정적으로 운영해 가면, 배당금도 꾸준히 나오게 되는데, 보통은 회계연도가 끝나고 주주총회를 거친 뒤에 배당을 실시하게 되지. 보통 1년에 한 번 정도 배당을 실시하는데 가끔 중간에 배당을 하는 기업들도 있어. 이를 '중간배당'이라고 하지. 중간배당까지 실시하는 기업들은 회사 사업내용도 좋고, 튼튼한 기업들도 많으니 관심을 가지는 게 좋아.

Q 보통주와 우선주? 주식에도 우열반이 있나요?

주식들 종목명 뒤에 '우'가 붙은 주식들이 있어. 예를 들어 LG전자우, 현대차우 이런 종목을 우선주라고 해.

보통주는 주주로서의 권리가 있는 주식이야. 보통주를 가지고 있어야 주주로서의 권리를 가질 수 있는 것이지. 그에 반하여 우선주는 보통주보다 재산적 내용에서 우선적 지위가 있는 주식인데 그 대신 주주로서의 권리는 없어. 보통 이야기하는 우선주는 배당에서 우선권이 있음을 의미해. 예를 들어 보통주가 액면가 대비 10%의 배당을 실시한다면, 우선주는 +1%p 높은 배당을 하므로 액면가 대비 11%의 배당을 실시하게 돼.

그런데 우선주는 보통주에 비하여 주가 수준이 40~70% 수준으로 낮아. 그러다 보니 시가 대비 배당수익률이 보통주보다 몇 배나 높은 경우도 생겨. 그래서 배당투자할 때는 우선주를 선호하는 경향이 있지.

Q 신용거래, 미수금은 어떤 거죠? 뭔가 안 좋은 느낌인데 그런가요?

미수금은 쉽게 말해 빚이야. 주식을 매수하면 D+2일에 현금이 빠져나가게 되어 있는데 미수금 증거금율을 40%로 보면 이틀 동안 예수금의 2.5배까지 주문이 가능해. 즉, 100만 원을 가지고 250만 원까지 주문할 수 있어. 계좌에는 100만 원밖에 없는데 250만 원어치의 주식을 샀으니 그 차액이 미수금으로 잡히게 되지. 그래서 D+2일에 미수금만큼 현금을 입금하거나, 보유 주식을 매도해서 부족한 결제금액을 변제해야 해. 짧은 기간에 수익을 내려고 개인투자자들이 외상 거래를 하는데, 거의 대부분은 결과가 안 좋아.

그리고 신용거래는 증권사에서 돈을 차입하여(신용거래융자) 주식을 매입하거나 주식을 빌려서 매각하는 매매형태를 이야기하는데, 쉽게 말해 증권사에서 빌린 돈으로 주식을 사는 걸 의미해. 미수금과의 차이는 만기가 30일, 60일, 90일 등으로 길다는 거야. 하지만 증거금 이하로 주가가 밀려 내려갈 때에는 강제로 반대매매(강제청산)되니까 주의가 필요하지. 미수금이든 신용거래든 초보투자자들은 절대 건드리지 말아야 할 제도란 점 잊지 말 것!

- 주식회사는 주식이라는 증서를 발행하여 여러 사람들로부터 자본을 조달받은 회사다.

- 주식회사에 지분을 보유하고 경영에 참여하는 개인이나 법인을 '주주'라고 부른다.

- 주식은 보유한 주식수만큼의 비율로 권리를 가지고 있음을 증명하는 증서다.

- 주식시장의 역사는 15세기 유럽 대항해시대까지 거슬러 올라간다.

- 상장이란 일정 조건을 충족한 기업이 발행한 주식을 증권시장에서 거래될 수 있도록
  한국거래소에 등록함을 의미한다.

- 질적 요건과 수수료 요건 등을 감안해 본인에게 유리한 증권사를 선택하는 것이 좋다.

- 증권계좌 개설은 증권사의 지점 및 은행 지점에서 모두 가능하다.

- 주식투자에 꼭 필요한 자료 3가지는 기업분석, 전자공시, 뉴스자료이다.

- 처음부터 차트 공부를 하면 나쁜 투자습관이 생기게 된다.

- HTS를 사용하면 주가 및 각종 주식정보의 조회와 주문을 쉽게 할 수 있다.

- MTS(Mobile Trading System)를 이용해 스마트폰으로 언제 어디서든 주문이 가능하다.

- 증권 포털사이트, 일반 포털사이트 증권메뉴, HTS를 활용하면 쉽게 정보를 구할 수 있다.
  다음 증권(https://finance.daum.net/), 금감원 전자공시시스템(dart.fss. or.kr), 한국거래소
  (www.krx.co.kr) 등을 참고하면 된다.

- 직장 초년생이라도 주식투자로 꾸준히 자산을 불려 나가면 목돈을 만들 수 있다.

- 적은 금액이라도 꾸준히 적립식투자를 할 경우, 은행예금보다 더 빨리 자산을 불릴 수 있다.

- 초보투자자는 절대 미수거래와 신용거래를 해서는 안 된다.

Chapter

02

안대리의
주식투자로
내 집 마련
프로젝트

| 종잣돈 1,000만 원 불려 나가기 |

신혼여행을 마치고 돌아온 안수연대리는 월요일 아침부터 짜증이 밀려왔다. IT팀의 다른 동료들이 뭔 일을 잘못해 놓았는지, 프로그램이 뒤죽박죽 섞여 있었던 것이다. 아침 일찍부터 '알코딩' 노가다를 하고 있는 안대리의 요란한 키보드 소리가 그녀의 상태를 말해 주는 것 같았다.

"무슨 일을 이렇게 뒤죽박죽 해 놨어? 너무들 하네!"

안대리는 혼잣말로 군시렁거렸다.

뒷자리에 앉아 오전 내내 게임만 하던 IT팀장이 사무실 벽시계가 12시에 가까워 오자 어슬렁 어슬렁 자리에서 일어났다.

"안대리, 미안해. 우리가 안대리 업무를 알아야 도와 주든지 하지. 빨리 밀린 일 끝내고, 점심 맛있게 먹어."

팀장의 약올리는 듯한 말을 들으니 더 기분이 나빠진 안대리는 아예 키보드를 두들겨팰 듯한 기세다. IT팀 사무실 전체에 안대리의 키보드 소리가 기관총 소리처럼 울려 퍼질 때, 미스쪼가 다가왔다.

"언니, 밀린 업무는 이 정도로 마치고 식사하러 가요. 오늘부터 주식공부 같이 하기로 했잖아."

"아, 맞다! 오늘부터였지. 에이, 팀장이 쓰레기로 만들어 놓은 코드들 갔다 와서 처음부터 모두 다 뜯어고쳐야겠다. 어서 가자, 은송아."

황씨 아저씨 식당으로 가니, 박주임과 이팀장이 자리를 잡고 주식 얘기를 하고 있었다. 황씨 아저씨는 주식스터디 멤버가 한 명 더 늘어났다는 사실을 눈치챘다. 안대리와 미스쪼가 들어가니 화제는 자연스럽게 안대리의 결혼으로 돌려졌다.

"안대리, 남편 훈남이던데. 듬직하니 정말 남자답더라."

"안대리님, 저 축의금 많이 냈습니다. 꼭 기억하셔야 해요."

안 대 리 의   주 식 투 자 로   내   집   마 련   프 로 젝 트

01 여자여, 비상금을 만들어라!

안대리는 주식스터디 모임에 가입시켜 준 멤버들에게 감사의 뜻으로 오늘 식사는 본인이 사겠다고 선언했다. 이팀장, 박주임, 미스쪼는 박수로 환영하면서 즐겁게 식사를 시작했다. 식사를 하면서 박주임이 자신의 학교 선배 이야기를 꺼냈다.

"안대리님처럼 결혼한 지 얼마 안 된 대학 선배가 있는데요, 월급이나 성과급 모두 형수님이 관리한대요. 그런데 얼마 전에 선배 형이 형수에게는 말하기 힘든 일이 생겼다고 하더라고요. 선배의 큰형님이 사기를 당해서 500만 원만 빌려 달라고 했대요. 그런데 수중에 돈이 한푼도 없어서 한심했다고 하면서, 남자는 꼭 비자금을 만들어 둬야 한다고 저한테 신신당부하더라고요."

"사실 결혼하고 보면, 부부끼리도 말하기 애매한 상황이 종종 있지. 비상금은 꼭 만들어 놔야 하는 게 맞아. 비상금이란 배우자가 그 돈의 존재를 알든 모르든, 그 주도권을 반드시 본인이 가지고 있는 돈이라고 생각해야 해. 언제 어떤 때 돈이 쓰일지 자신도 모르거든. 안대리도 이제 서서히 비상금을 만들어 가야지?"

이팀장이 안대리에게 넌지시 물었다.

"그래야죠. 이번에 결혼하면서 그동안 모아 놓은 돈, 거의 다 썼어요. 회사 생활 5년 동안 짠순이 생활해서 8,000만 원 정도 모았는데 7,000만 원을 결혼비용으로 쓰고 이제 딱 1,000만 원 남았네요."

안대리는 또래 동기들과는 다르게 알뜰했다. 한달에 100만 원을 목표로 매달 꾸준히 모아 온 것이다. 궁상맞다는 소리 들어가며 도시락을 싸 오고, 남들 다 갖고 있는 명품 화장품과 명품 백에도 관심이 없었다. 그런데 이제 딱 1,000만 원이 남았단다. 그런데 어쩌면 그렇게 알뜰하게 돈을 관리해 왔기에, 부모에게 전혀 손 안 벌리고 결혼하고 1,000만 원이나 남긴 것이라 할 수 있다.

"안대리님의 짠순이 정신은 대단하죠. 회장님도 다 알고 계실 정도니까요. 그나저나 안대리님은 앞으로 비상금은 어떻게 관리하실 거예요?"

박주임이 안대리를 추켜세우며 물어 봤다.

"사실은 잘 모르겠어. 먼저 결혼하신 이팀장님이 잘 아실 텐데."

안대리가 이팀장을 쳐다보며 조언을 구했다.

"안대리가 알뜰해서 1,000만 원이라는 돈을 수중에 들고 있는 거야. 이 돈은 무조건 안대리가 주도권을 갖는 안대리의 비상금이 되어야 해. 혹시 남편이 1,000만 원의 존재를 알고 있어?"

"아니요. 조금 남았다고는 짐작하겠지만, 구체적으로는 이야기 안 했어요."

이팀장이 담담한 어투로 조언을 계속했다.

"그럼 굳이 남편에게 1,000만 원 얘기는 하지 마. 여자도 비상금은 가지고 있어야 하거든. 살다 보면 여러가지 일들이 생겨. 만약에 친정에 갑자기 일이 생기면, 남편에게 말하기 어려울 거야. 이제부터 그 1,000만 원을 어떻게 굴릴지 생각해야 해. 예전처럼 은행에 넣어둘 거야?"

"이 돈으로는 주식투자를 공격적으로 해 보려고요. 은행 예금리를 알아봤더니, 많이 줘야 1%더라고요. 여기에 이자소득세 떼고, 이자율이니 물가상승률 감안하면 원금이 보장된다는 것 외에는 메리트가 없었어요. 1,000만 원과 앞으로 들어올 월급을 잘 불려서 내 집 마련을 하는 게 제 목표예요."

결혼 후, 안대리는 돈을 모아야겠다는 단순한 목표에서 내 집 마련을 하겠다는 구체적인 목표로 바뀌었다. 목표가 확실하다 보니 투자성향도 공격적으로 변한 듯싶었다. 결혼하기 전까지는 무조건 원금 보장이 되는 은행예금만 고집했지만, 어느새 씩씩한 대한민국 아줌마가 되어 있었다.

"우리 주식스터디 모임에 합류하겠다고 할 때부터 알아 봤지. 안대리의 1,000만 원이 마이홈을 만드는 큰 자산이 되기를 바라면서, 오늘은 주식투자의 가장 큰 매력인 '복리의 마술'에 대하여 공부하도록 하자고."

오늘 강의는 미스쪼와 박주임이 1,000만 원 종잣돈 만들기에 성공한 이후를 위해 준비한 것이지만, 이미 비상금 1,000만 원을 가지고 있는 안대리에게도 충분히 관심이 있는 주제였다.

02 종잣돈과 스노우볼 효과, 복리의 힘!

"지난주 금요일에 미스쪼와 박주임은 1단계 '1,000만 원 만들기'를 목표로 하자고 했어. 기억나지? 어쩌면 지금 안대리의 상황이 미스쪼와 박주임이 그 목표를 달성했을 때 실질적으로 부딪치게 될 일들이니 이번주 강의는 아주 열심히 들어야 할 거야. 그리고 궁금해했던 종목선정 방법도 일부 얘기해 줄 거야."

이번주 스터디 계획을 이야기한 이팀장은 오늘 수업의 주제인 '복리의 힘'에 대해 강의를 시작했다.

복리의 힘! 아인슈타인 72의 법칙

복리의 개념은 간단하다. 올해 발생한 수익을 다시 투자하여 계속 투자금을 키워간다는 것이다. 어린 시절 눈사람을 만들 때를 떠올려 보자. 처음에 주먹만 한 눈을 굴릴 때는 눈이 커지는 속도가 너무 느려 언제 눈사람을 만드나 생각하지만, 일단 눈덩이가 커지고 나면 조금만 굴려도 감당이 되지 않을 정도로 어마어마한 눈덩이가 만들어진다. 이것이 바로 '스노우볼 효과' 혹은 '복리의 효과'인 것이다.

천재 물리학자 아인슈타인은 복리의 효과에 대해 이렇게 극찬하였다.
"복리는 인간이 발명한 것 중 가장 위대한 것이며, 세계 8대 불가사의의 하나다."
아인슈타인은 복리의 효과를 찬양하면서 '72의 법칙'이라는 흥미로운 공식을 만들었다. '72의 법칙'이란 원금이 2배가 되는 기간을 계산해 내는 공식이다. 계산 방식도 매우 쉽다. 72를 수익률(%)로 나누어 주면, 몇 년 만에 자산이 2배가 되는지 알 수 있다.
예를 들어, 매년 6%의 수익률일 때 원금이 2배로 불어나는 기간은 12년이다.
72 ÷ 6(%) = 12(년)
그렇다면 수익률을 12%로 바꾸어 보자.
72 ÷ 12(%) = 6(년)
즉 연 12%의 수익률로 투자금을 계속 재투자할 경우, 6년이 되는 해에 자산이 2배로 불어나는 것이다. 복리의 효과가 생각보다 약하다고 느낄 수도 있다. 12%라는 엄청난 수익률을 기록해도 자산을 2배로 만들려면 6년이란 시간이 걸리니까 말이다. 특히 종잣돈이 작은 박주임과 미스쯔, 안대리의 입장에서는 가슴이 답답할지도 모른다. 하지만 복리의 힘은 시간이 갈수록 큰 힘을 발휘하는 것이 특징이다.

매년 10%, 20%씩 복리로 수익을 만들어 간다면?

아무리 복리의 효과가 엄청나다고 해도 단순하게 공식으로만 얘기하면 체감이 되지 않는다. 매년 10%, 20%의 수익률로 자산을 키워갈 때, 장기적으로 어떤 결과가 나오게 되는지 도표를 통해서 한눈에 보이도록 설명하겠다.
안대리의 종잣돈 1,000만 원에 연간 10%와 20%의 복리효과를 적용시켜 보겠다. 처음 수년간은 크게 자산이 불어났다는 생각이 들지 않을 정도로 자산의 증가 속도가 미미하지만, 시간이 흘러갈수록 가속도가 붙어 노후를 걱정하지 않아도 될 수준까지 자산이 크게 불어나게 된다.

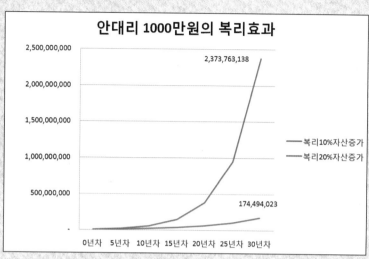

안대리 1000만원의 복리효과

2,373,763,138

복리10%자산증가
복리20%자산증가

174,494,023

0년차 5년차 10년차 15년차 20년차 25년차 30년차

자료2-1 종잣돈 1,000만 원이 10%, 20% 복리 수익률로 불어나면 자산가의 반열에 오를 수 있다.

1,000만 원을 매년 10% 복리로 재투자한다면, 5년차에는 1,610만 원으로 불어나게 된다. 아쉬움이 남는 액수이긴 하지만 이러한 걱정은 시간이 지날 수록 사라지게 된다. 10년차가 되었을 때에는 자산이 거의 2,600만 원 수준까지 증가하게 된다. 전반 5년엔 자산이 610만 원 증가하였지만, 후반 5년에는 1,000만 증가한 것이다. 그리고 15년차가 되었을 때는 4,177만 원, 20년차가 되었을 때는 6,727만 원으로 급격히 늘어나면서 30년차가 되었을 때는 1억 7,449만 원으로 엄청나게 불어나게 된다. 10%의 복리로 30년간 꾸준히 수익을 불려 나가면 1,000만 원이 17배로 불어나게 된다는 얘기다.

20%의 복리는 더 놀라운 결과가 나온다.
5년차일 때, 1,000만 원의 종잣돈은 2,488만 원으로 크게 불어난다. 10년차가 되었을 때는 6배가 넘는 6,191만 원으로 증가한다. 20년차엔 3억 833만 원으로 38배, 30년차엔 23억 7,376만 원으로 237배 자산이 늘어남을 확인할 수 있다.
이 모든 것이 종잣돈 1,000만 원으로 거둘 수 있는 효과이다. 그런데 종잣돈이 모아졌다고, 매달 월급에서 돈을 모으는 것을 멈추고 펑펑 써 대는 사람은 없을 것이다. 종잣돈은 계속 늘어나게 되어 있다.

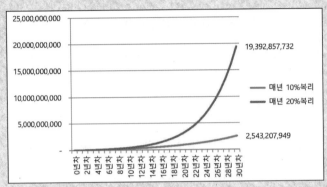

자료2-2 종잣돈 1,000만 원에 매달 120만 원씩 투자금을 늘려갈 경우 평가금액 추이

그래서 한 가지 가정을 해보도록 하겠다.

1,000만 원의 종잣돈에 매달 120만 원씩 추가로 투자하면서, 매년 10% 복리로 자산을 불려가는 경우다. 5년차에는 자산이 1억 402만 원으로 증가하게 되고, 10년차가 되었을 때에는 2억 5,544만 원으로 기하급수적으로 증가한다. 내 집 마련을 할 수 있는 여지가 생기기 시작한다. 이렇게 복리 투자를 계속 해 나가면 20년차엔 8억 9,203만 원, 30년차엔 25억 4,320만 원으로 자산이 불어나게 되어, 노후 걱정을 할 필요가 없어진다.

20% 복리일 경우엔 놀라운 수익률을 만들게 된다.

1,000만원 종잣돈에 매달 120만 원씩 투자금을 꾸준히 늘리고 매년 20% 복리로 자산을 불려 나가면, 5년차 되는 해에는 1억 3,204만 원이 된다. 정말 어마어마한 힘이다. 그 힘은 더 막강해지면서 10년차엔 4억 3,572만 원, 20년차엔 무려 30억 원대로 폭증하게 된다. 30년차가 되었을 때에는 자산 규모가 190억 원대로 불어나서 말 그대로 진정한 자산가가 되는 것이다.

투자기간이 길어질 수록 복리의 효과가 극대화된다는 것을 확인할 수 있다.
흔히 '돈이 돈을 부른다.'고 한다.
그것이 바로 복리의 효과를 말하는 것이다.

안대리는 '복리의 효과'에 대한 설명을 듣고 깜짝 놀랐다. 빠른 시일 내에 내 집 마련을 할 수 있겠다는 용기가 솟아올랐다. 사실 안대리는 서울 변두리에 20평대 아파트 전셋집을 구하느라 3억 원을 들였다. 시댁에서 신혼집 구하라고 지원해 준 1억, 남편의 전세자금대출 1억, 남편이 모아 둔 돈 7천만 원과 안대리의 3천만 원을 모아 간신히 전셋집을 구했던 것이다.

안대리의 목표는 5년 뒤에 집을 사는 것이다.

전세를 구하기가 너무 힘들고, 앞으로는 점점 월세로 임대 구조가 바뀔 것이 예상되었기 때문이다. 5년 뒤에 20평대 아파트를 구입하려면, 서울 외곽이나 수도권에서는 적어도 5억이 있어야 한다. 5년 동안 2억 원은 더 만들어야 되는 것이다. 봉급쟁이로서는 엄두도 못 낼 일이지만, 복리의 효과에 올라탄다면 불가능한 일도 아니다.

이팀장이 안대리의 표정을 살피더니 한마디 한다.

"안대리는 맞벌이잖아. 남편 월급으로 생활비와 보험, 연금, 적금 등을 충당하고 안대리 월급은 고스란히 복리로 수익률을 쌓아가면 더 빨리 목표를 이룰 수 있지 않을까?"

"이팀장님 말씀이 옳아요. 아는 언니도 맞벌이 부부의 경우 한 사람의 월급은 오롯이 저금을 해야 돈이 모인다고 하더라고요. 사실 제 연봉이 4,000만 원이고 한달에 얼추 290만 원 정도 실수령하고 있거든요. 매달 250만 원을 종잣돈과 같이 불려 간다면 어떻게 될까요?"

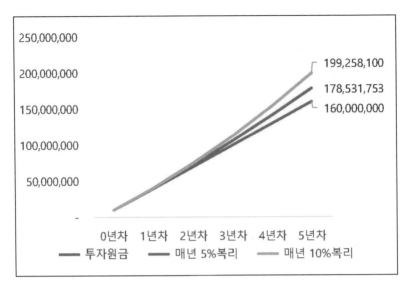

자료2-3 종잣돈 1,000만 원에 매달 250만 원씩 투자금을 늘려 갈 경우 수익률 추이

이팀장은 준비해 온 노트북을 꺼내더니 엑셀을 이용해 계산을 하고, 계산 결과를 깔끔한 도표로 만들어 안대리에게 보여 주었다.

"안대리가 종잣돈 1,000만 원에 매달 250만 원씩 투자금을 추가할 경우야. 5년차가 되었을 때 투자원금은 1억 6천만 원이 되고 복리 5%로 가정했을 때, 총자산은 1억 7,853만 원이 되어 있을 거야. 10% 복리를 달성할 경우에는 얼추 2억 원 수준인 1억 9,925만 원에 이를 수 있으니, 이 시나리오가 성공한다면 5년 뒤에 서울 외곽이나 수도권에 20평대 아파트에 도전할 수 있겠지."

이팀장은 안대리의 투자 포트폴리오를 다시 한번 정리해 주었다.

"현재 전세담보 대출을 뺀 안대리 부부의 순자산은 2억 원(전세 3억 원 –

전세담보 대출 1억 원)이고 이후 만약 종잣돈 1,000만 원에 매달 250만 원씩 적립하면서 5% 복리로 자산을 5년간 불려갈 경우 1억 7,853만 원이 되는데, 합치면 얼추 3억 8천만 원의 자산을 보유하게 될 거야. 그러면 은행에서 1억~1억 5천 정도 대출받으면 5억 원대의 아파트를 살 수 있는 거지."

"만약 10% 복리 수익률이면 어떻게 되죠?"

안대리가 희망에 부풀어 물어보았다.

"안대리 부부의 현재 순자산 2억 원에 더해서 안대리가 종잣돈 1천만 원에 매달 250만 원을 적립하며 10% 복리로 5년간 불린 자산 대략 2억 원을 합치면 얼추 4억 원이 되는 것이니까, 대출을 조금 덜 받거나 조금 더 좋은 아파트를 욕심내도 되겠군."

이렇게 10% 복리 수익률만 쭉 이어갈 수 있다면 박봉에 시달리는 샐러리맨들도 안정적으로 자산을 불려 나갈 수 있다. 하지만 대부분의 사람들이 중도에 포기하기에 진정으로 '복리의 효과'를 보는 사람은 극히 적은 것이다.

잠자코 듣고 있던 미스쪼가 예리한 질문을 던졌다.

"이팀장님, 지금 은행권 금리는 1%도 안 되는데 어디서 10% 이상의 복리 수익률을 만들 수 있나요? 그게 바로 주식투자라는 거죠?"

"미스쪼 짐작대로야. 이제부터 본론으로 들어갈 거야. 우리가 '복리의 효과'를 최대한 누릴 수 있는 방법이 바로 '주식투자'야. 많은 이들이 주식으로 돈번 사람 없다고 하지만, 주식투자를 안정적으로 하면 연복리 10%는 충분히 가능하다고. 어, 그런데 벌써 식사 시간이 끝났네. 주식투자를 안정적으로 할 수 있는 방법에 대해서는 내일 진도를 나가도록 하지. 그러고 보니, 안대리가 딱 좋은 시점에 스터디에 들어온 것 같네!"

"이팀장님, 부족한 연봉을 쪼개서 어떻게 재산을 불려 나가는 건지 기대됩니다."

안대리는 앞서 말한 대로 오늘 식대를 계산했다. 오늘 메뉴는 황씨 아저씨 식당에서 가장 저렴한 비빔밥, 역시 짠순이 안대리다운 선택이었다.

03 자산을 불리는 1등 공신 '주식혼합전략 (자산배분전략)'

주식스터디를 시작한지 7일째 되는 날. 오늘도 황씨 아저씨 식당에 모인 멤버들은 빨리 식사를 마치고, 근처 여의도공원에서 커피를 마시며 주식스터디를 하기로 했다. 한창 물오른 신록 아래 많은 사람들이 산책도 하고 자전거도 타고 있었다.

"시원한 아이스커피 좋으시죠? 저와 미스쪼가 사 올게요."

이팀장과 안대리는 마다할 이유가 없었다. 잠시 뒤, 공원 입구 쪽에서 아이스커피를 사들고 오는 미스쪼와 박주임이 보였다. 박주임과 미스쪼는 양손에 아이스커피를 들고 오고 있었다. 갑자기 장난기가 동했는지 박주임이 폴짝폴짝 뛰면서 달려오기 시작했다. 본인은 귀여워 보이려 했는지 모르겠지만 뛰는 모습이 불안해 보였다. 아니나 다를까, 박주임은 눈앞의 돌부리를 보지 못하고 걸려 넘어졌다.

"아아악~~"

박주임의 비명과 동시에 박주임 손에 있던 아이스커피가 모두 쏟아지고 말았다. 박주임은 창피하기도 하고 약오르기도 한지 난감한 표정으로 바닥에 쏟아진 커피를 바라보고 있었다. 이때 미스쪼가 박주임의 팔을 끌었다.

"거 봐요. 내가 주책 떨지 말라고 했잖아요. 다행히 까진 데는 없네. 그런데 커피는 어쩔 거예요?" 은근히 박주임을 힐난하는 미스쪼를 안대리가 말렸다.

"두 잔이나 있으니까 나눠 먹으면 되지. 내 가방에 종이컵도 있어."

쏟은 커피가 아깝기는 했지만, 햇볕을 쬐며 나무 그늘에서 즐기는 커피 브레이크는 달콤했다.

50 vs 50 주식혼합전략

이팀장이 커피 한 모금을 마시더니 운을 뗐다.

"사람들이 주식투자하다 집안 거덜낸다고들 하지? 그런 고정관념이 생기게 된 건 거의 대부분의 개인투자자들이 몰빵투자를 했기 때문이야. 주식에 전 재산을 건다던가, 한 종목에 몰아서 투자하는 경우 큰 낭패를 볼 가능성이 높아. 하지만 조금 전에 미스쪼와 박주임이 커피를 나눠서 들고 온 것처럼 투자를 나눠서 하면 보다 안전해지지. 안전자산과 주식자산으로 나누는 게 그 방법이야."

박주임이 약간 의아했는지 바로 질문했다.

"안전자산과 주식자산이요? 그럼 안전한 자산

88

과 주식자산을 섞어서 투자해야 한다는 말씀이신가요? 마치 사과당근주스처럼요?"

"맞아. 본격적으로 주식투자를 하기 앞서서 큰 전략을 세워야 해. 기둥이 제대로 서 있어야 건물이 튼튼하게 올라갈 수 있는 것과 같아. 큰 전략이 바로 세워져야 투자수익률이 안정적으로 올라가면서 자산을 키울 수 있어. 그런 기초공사가 바로 주식자산과 안전자산의 혼합전략이지. 지금부터 주식혼합전략(자산배분전략)이라고 부를 테니 그렇게 이해하면 돼."

이팀장의 이야기에 안대리와 박주임은 고개를 끄덕였지만, 미스쪼의 생각은 조금 달랐다.

"이팀장님, 그래도 수익률을 최고로 높이려면 주식에 100% 투자하는 게 좋지 않을까요?"

"물론 단기적인 기대수익률을 높이기 위해서는 주식 100%가 맞을 수도 있어. 그런데 시간을 거슬러서 2008년 글로벌 금융위기 때를 생각해 보자고. 극단적인 증시 폭락장에서는 재기 불가능한 손실을 입을 수도 있지. 그런데 주식혼합전략(자산배분전략)을 쓰면, 장기적으로 수익을 낼 수 있어. 전략의 원칙도 아주 쉬워. 딱 한 가지만 기억하면 되니까."

안대리, 박주임, 미스쪼는 모두 이팀장의 입을 주목했다.

"1년에 한 번씩 주식자산과 안전자산의 비중을 조정하면 되는 거야."

무슨 말인지 언뜻 이해가 되지 않은 세 사람은 멍한 표정이었다. 이팀장의 부연 설명이 이어졌다.

"금세 이해가 되진 않을 거야. 가장 기본적인 주식혼합전략(자산배분전략)

인 '50 vs 50 전략'을 알려 주도록 하지. 이것만 알아도 1년에 6% 수준의 연복리 수익률을 기대할 수 있는 멋진 전략이야."

이팀장의 **심화 스터디**

50 vs 50 전략 응용하기

'50 vs 50 전략'은 주식혼합전략(자산배분전략)의 기본으로, 주식자산과 안전자산의 비중을 각각 50%씩 배분하는 것이다. 즉 1년 중 특정한 날에 일단 50%의 자금을 정기예금 또는 국고채와 같은 안전한 자산에 투자한다. 수익성을 높이기 위해서 회사채도 고려할 수 있지만, 이 50%는 1년 후에 최소한 원금이 보장되는 자산에 투자해야 한다.

그리고 남은 50%는 주식에 투자하여 주식자산과 안전자산 양쪽의 금액이 거의 반반이 되도록 한다. 1년 후, 특정한 날이 되면 두 개의 자산 전체 금액을 50 대 50 비중으로 다시 나누어 주면 된다.

말로 설명하면 어렵지만 아주 간단하다. 예를 들어 보겠다. 만일 1,000만 원의 자금으로 '50 vs 50전략'을 구사한다면 500만 원은 정기예금, 국고채, CMA 등에 투자하고, 나머지 500만 원은 주식에 투자하는 것이다.

만일 1년 뒤에 주식자산이 100% 수익률을 보여 1,000만 원이 되고, 안전자산에 있던 500만 원은 원금 그대로 500만 원이라고 하자. 그 시점에서 주식자산과 안전자산의 전체 금액인 1,500만 원(1,000만 원 + 500만 원)을 반으로 나눠 주식자산에 750만 원, 안전자산에 750만 원으로 다시 자산을 재분배한다.

이 경우, 주식자산 가치가 증가한 부분 중에 일부를 매도하여 안전자산으로 이동한 결과를 보이게 된다. 즉 간접적인 '고점매도'의 효과를 누리는 것이다.

반대로 1년 뒤에 주식 가치가 500만 원에서 250만 원으로 반토막났다고 생각해 보자. 주식투자는 예상치 못한 손실이 발생할 수 있기 때문에 이러한 가정을 꼭 해 봐야 한다.

만일 1,000만 원을 주식에 100% 투자하였다면 500만 원만 남게 되는 끔찍한 상황이 벌어졌을 것이다. 하지만 '50 vs 50 전략'을 쓰면 이런 최악의 시나리오에서도 손실을 줄일 수 있다. 안전자산에서 한푼도 불어나지 않았다 하더라도 주식자산과 안전자산을 합하면 총 750만 원(250만 원 + 500만 원)이 되어 있을 것이다. 이 금액을 반으로 나눠 375만 원씩 주식자산과 안전자산으로 재투자하면 된다.

이 경우, 안전자산의 일부로 주식자산을 싼 가격에 매수하게 되어 간접적인 '저가매수'의 효과를 누릴 수 있게 된다.

주식 격언 중에 'Buy Low And Sell High(저점에 사고 고점에 매도하라.)'라는 것이 있다. 줄여서
BLASH라고도 한다. 위의 50 vs 50 전략을 구사하면 고점매도와 저점매수라는 주식 격언
을 간접적으로 실천할 수 있게 된다.
그렇다면 이 방법이 과연 효과가 있을까? 일단 아래와 같은 상황을 시뮬레이션해 보자. .
1. 주식자산은 가상의 종합주가지수에 투자하는 것으로 가정한다.
2. 종합주가지수는 매년 500p와 1000p를 반복하는 것으로 가정한다.
 (1989년부터 2000년대 초반까지 실제 종합주가지수도 500~1000p 박스권이었다.)
3. 안전자산은 세후 1% 수익률로 고정되어 있다고 가정한다.
4. 투자원금은 1,000만 원으로 가정한다.

만일 위의 상황을 수년간, 수십년간 반복되면 어떻게 될까?
가상의 종합주가지수가 500~1000p 박스권에서 지루한 흐름을 보일 것은 자명한 일이고,
세후 연 1%의 수익률은 수익금을 불리는 효과는 적겠지만 원금 보장이라는 안전판이 될 것
이다. .
이러한 시뮬레이션 상황의 성과에 대해서는 긴 설명이 필요 없다. 수익률 흐름을 차트로 보
면 바로 이해할 수 있게 된다.

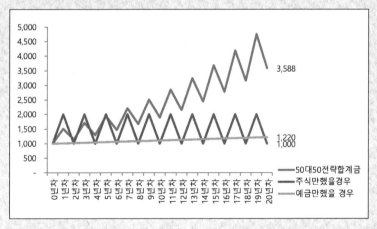

자료2-4 '50 vs 50 주식혼합전략' 가상매매 결과. 한쪽에 집중된 투자보다 월등한 수익률
을 보인다

1,000만 원을 모두 은행예금(세후수익률 연 1%)에만 투자했을 경우, 20년차엔 투자금이 1,220만 원으로 불어나게 된다. 그런데 1,000만 원을 100% 가상의 주가지수에 투자했다면 오랜 기간 1,000만 원에서 2,000만 원을 무한 반복하는 패턴이 나오게 된다. 결국 원금인 1,000만 원이 그대로 유지되는 셈이다.

그에 반해 장기간 '50 vs 50 전략'을 운영한 결과는 놀랍기 그지없다.

종잣돈 1,000만 원이 3,588만 원이 됨으로써 원금 대비 3.6배라는 수익률 상승을 기록한 것이다. 이러한 성과를 내기 위한 원동력은 복잡하지도 귀찮지도 않았다. 그저 1년에 한 번씩 안전자산과 위험자산을 반반 나누어 주면 되는 것이다.

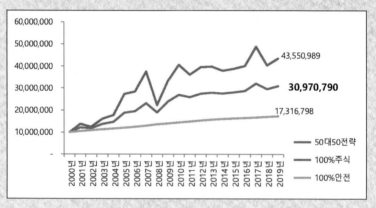

자료2-5 '50 vs 50 주식혼합전략'을 2000년~2019년 증시에 적용한 결과

자, 그렇다면 이것을 실제 상황으로 가져와서 검증해 보자.

2000년부터 2019년까지 만 19년 동안 실제 종합주가지수와 실제 은행예금 금리를 '50 vs 50 전략'에 적용해 보았다. 그 결과 1,000만 원은 3,097만 원으로 불어나게 된다. 만 19년간 210%에 이르는 수익률이니, 복리로 연 6.1%의 수익률을 달성한 셈이다.

만약 그 기간 동안 1,000만 원을 예금에만 투자하였다면 1,731만 원이 되었을 것이고, 주가지수에만 투자하였다면 4,355만 원이 되었을 것이다. 여기서 아쉬움을 느낄 필요는 없다. 결과적으로는 주식에 100% 투자했으면 최고의 수익을 냈겠지만, 2008년 금융위기처럼 주가지수가 50% 이상 하락할 때 아마 대부분의 투자자들은 멘붕 상태가 되어 주식투자를 중도포기하게 되었을 것이다.

하지만 '50 vs 50 전략'을 운용하면 하락장에서의 심리적 충격을 줄여 주어, 자신의 전략을 굳건히 밀고 나갈 힘을 가지게 된다. 이것이 주식혼합전략의 장점이며, 건물을 지을 때 기둥을 세우는 효과와 같다고 말한 이유이다.

조금씩 어려워지고 있다는 느낌을 받았지만, 세 사람은 이팀장이 설명해 주는 '50 vs 50 전략'을 경청하기 시작하였다.

자신의 나이에 맞춘 '연령별 주식혼합전략'

이팀장에게 '50 vs 50 전략'에 대한 설명을 들을 미스쪼와 안대리는 자신감이 생기는 듯한 표정이다. 그런데 박주임은 아쉬운 표정이 역력하다. 전체 투자금의 50%를 안전자산에 묶어 두는 것이 성에 차지 않았기 때문이다.

박주임은 모험을 좋아하는 성격이다. 취미도 래프팅, 보드, 산악자전거, 스킨스쿠버와 같이 도전적인 것을 좋아한다. 자신의 성격에 맞게, 투자도 공격적으로 하고 싶은 것이다.

"이팀장님 '50 v 50 전략'도 좋지만, 뭐랄까 너무 보수적인 것 같다는 생각이 드네요. 위험을 조금 감수하더라도 기대수익을 높이는 게 좋을 것 같은데요?"

박주임의 단도직입적인 질문에 이팀장이 답했다.

"내 박주임이 그 질문할 줄 알았지. 이제부터 '연령별 주식혼합전략'을 설명해 줄 텐데 박주임 맘에 쏙 들 거야."

"혹시 나이에 따라 투자전략이 바뀌는 건가요? 이름만 봐도 짐작할 수 있을 듯싶어요."

야무진 안대리는 이름만 듣고도 개념을 이해하고 있었다.

"역시 안대리 이해력은 알아 줘야 한다니까. 맞아, '연령별 주식혼합전략'은 나이에 따라 안전자산과 주식자산을 배분하는 전략이야. 젊었을 때는 나도 박주임처럼 익스트림 스포츠를 좋아했지. 하지만 결혼해서 가족도 생기고 운동능력도 조금씩 떨어지다 보니, 스릴을 즐기는 일은 자제하게 되었지. 이처럼 연령이 높아질수록 '주식투자' 비중을 낮추는 것이 바로 이 전략의 핵심이야."

박주임이 그래도 이해 안 된다는 표정으로 다시 질문한다.

"이팀장님, 나이는 숫자에 불과하다잖아요. 나이보다는 투자성향이 중요한 거 아닐까요?"

"박주임 말도 틀린 건 아냐. 하지만 박주임이 70세의 은퇴자라고 생각해봐. 위험자산에 올인하기는 힘들 거야? 아마 자산의 대부분을 은행예금과 같은 안전자산에 묶어 둘 거야. 반면에 지금 막 사회에 나온 신입사원이라면 보다 과감해질 수 있을 테지. 설사 주식투자로 큰 손해를 보더라도 얼마든지 다시 시작할 수 있으니까."

이팀장의 심화 스터디

연령별 주식혼합전략 응용하기

'50 vs 50 전략'이 가장 기본이긴 하지만, 젊었을 때 과감한 투자를 못 한다는 단점이 있다. 직장인들에게 가장 적합하고 가장 현실적 대안이 될 수 있는 것이 바로 '연령별 주식혼합전략'일 것이다. 연령이라는 타임 스케줄에 따라 안전자산의 비중을 조정할 수 있다는 점에서 유연하고 부담이 적은 전략이다.

이 전략을 운용할 때, 주식자산과 안전자산의 비율을 구하는 것은 매우 간단하다. '자신의 나이 = 안전자산 비율'인 것이다.

20살의 청년이라면 안전자산에 20%, 주식자산에 80% 투자한다.

70세의 은퇴자라면 안전자산에 70%, 주식자산에 30% 투자한다.

그리고 매년 한 번씩, 본인의 나이에 맞춰 안전자산의 비율을 조정한다.

30살인 안대리의 경우, 올해는 안전자산이 30%지만 내년에는 31%로 상향되는 것이다.

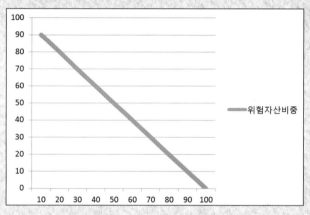

자료2-6 연령에 따른 위험자산(주식) 비중, 연령이 높아질 수록 감소한다.

그렇다면 이 연령별 주식혼합전략은 어떤 성과를 냈을까? 그 결과가 가장 궁금할 것이다. 그래서 '50 vs 50 전략'과 마찬가지로 2000년부터 2019년까지 가상 운용 결과를 시뮬레이션해 보겠다. 2000년에 30살 청년이었던 투자자가 1,000만 원의 종잣돈을 얼마나 불릴 수 있었을까?

첫해 2000년에는 30살의 나이에 맞게 30%를 안전자산(은행예금)에, 70%를 주식자산(종합주가지수)에 투자한다. 2001년엔 31%를 안전자산에, 69%를 주식자산에 투자하는 것으로 조정한다. 이를 2019년까지 계속했을 경우, 결과치는 흥미로웠다.

앞서 '50 vs 50 전략'을 썼을 때는 3,097만 원으로 불어났던 자산이 '연령별 주식혼합전략'을 썼을 때는 3,581만 원이 되었다. 500만 원 가까이 증가한 것이다. 이를 계산해 보면 연복리 6.94%로 '50 vs 50전략'보다 0.84%p 더 높다.

참고로 2008년 글로벌 금융위기 때, 제법 큰 폭의 자산 감소(하락률 23%)가 있었지만 이는 참을 수 있는 수준이라 할 수 있겠다. 그해 차이나펀드에 가입했던 수많은 직장인들은 -80%라는 최악의 수익률을 경험했고, 일반 국내 펀드에 가입한 일반인들도 -50% 수준의 손실을 보았다. 오히려 그 이후에 주식자산은 꾸준히 증가하는 긍정적인 흐름이 나오게 된다.

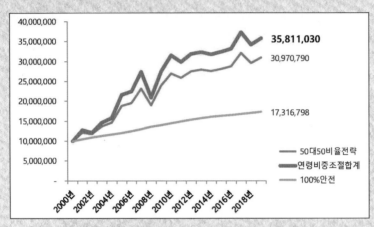

자료2-7 '연령별 주식혼합전략'과 '50 vs 50 주식혼합전략' 그리고 은행예금의 수익률 추이

박주임은 이제서야 이해가 되는 듯 고개를 끄덕인다.

"그럼 지금부터 '연령별 주식혼합전략'에 대해 자세히 설명해 줄 테니, 모두들 잘 들어야 해."

이팀장의 설명을 듣던 세 사람의 머릿속에 동시에 같은 질문이 떠올랐다. 안대리가 대표로 물어 보았다.

"이팀장님, 그럼 저는 ' 50 vs 50 전략'과 '연령별 주식혼합전략' 중에 뭐가 좋을까요?"

"젊고 공격적인 투자 성향을 가진 사람이라면 '연령별 주식혼합전략'이 좋겠지. 젊었을 때 공격적으로 투자하다가 서서히 위험률을 낮춰 가면 되니까. 젊어도 보수적인 성향을 가진 사람이라면 '50 vs 50 전략'이 적당하고. 안대리는 후자 아닌가?"

"맞아요. 저는 위험한 건 싫거든요."

안대리의 말이 끝나자 이팀장이 설명을 덧붙인다.

"50대 이상의 중년층이라면 기본적으로 '연령별 주식혼합전략'을 권해 주고 싶어. 건강 문제, 자녀들 결혼에 은퇴까지, 자산을 안정적으로 불려 나가야 하니까. 만약 중년 이후에 공격적 투자를 하고 싶다면 '50 vs 50 전략'이 적합하다고 봐."

"와, 이제 어떻게 투자해야 할지 느낌이 팍 오는 걸요? 그런데 한가지 궁금한 게 있어요. 1년에 한 번 주식자산과 안전자산의 비율을 조정하라고 하셨는데, 그건 언제 해야 하죠?"

미스쪼의 질문이 대견한 듯 이팀장이 엄지손가락을 치켜세우더니 말문을 연다.

"좋은 질문이야! 그런데 1년 중에 어느 시점이 가장 좋다고는 할 수가 없어. 핵심은 '매년 꾸준히' 해야 한다는 거야. 종종 주변 사람들에게 이런 질문을 받을 때 나는 이렇게 대답하지."

안대리, 박주임, 미스쪼 모두 이팀장의 입을 바라보았다.

"매년 당신의 생일에 비율을 조정하라!"

이팀장이 생일을 비율 조정 기준일로 삼으라고 한 이유는 다른 중요한 날 (결혼기념일, 배우자 생일, 부모님 생신 등)은 잊는 경우가 있어도, 자신의 생일을 잊는 사람은 거의 없기 때문이다. 아무리 바쁘더라도 생일 즈음이 되면 포털사이트에서, 홈쇼핑에서, 보험사에서 생일 축하 메시지를 보내기 때문에 절대 잊고 싶어도 잊을 수 없는 것이다. 고개를 끄덕이는 세 사람을 보면서 이팀장이 한마디 더 한다.

"꼭 생일에 하라는 의미는 아니란 거 알지? 자신의 첫 번째 포트폴리오가 세팅된 날을 기준으로 잡을 수도 있고, 매년 연말이나 연초를 기준일로 할 수도 있어. 중요한 건 '매년 잊지 말고 정해진 전략으로 비율을 재조정한다'는 거야."

이팀장의 설명이 끝나자마자 안대리가 본인의 친척 언니 이야기를 꺼냈다.

"공무원인 사촌 언니가 있는데요, 오래 전에 펀드 가입한 게 있대요. 그걸 그냥 묵혀야 하나, 아니면 털어야 하나 고민하더라고요. 워낙 고점에서 사서 아직도 마이너스라는데, 혹시 이런 분들에게도 주식혼합전략이 필요할까요?"

"필요한 정도가 아니라, 필수라고 봐야 해. 많은 펀드 투자자들이 펀드에 가입하고 감나무에서 감 떨어지기를 기다리듯 무작정 기다리고 있어. 만약 '50 vs 50 전략'이나 '연령별 주식혼합전략'을 사용했다면, 지금보다 훨씬 수익률이 높아졌겠지. 딱 1년에 한 번만 신경 쓰면 되는 거야. 요즘은 인터넷 뱅킹이니 증권사 HTS 그리고 금융회사 ARS시스템이 잘 갖추어져 있어서, 잠깐 화장실 갈 시간이면 비율 조정을 할 수 있지."

이팀장의 설명을 듣고 안대리는 바로 친척 언니에게 전화했다.

"언니, 잠깐 통화되지? 지금부터 내가 하는 얘기 잘 들어……"

공부가 끝나기도 전에 연락하는 걸 보면, 그 친척 언니도 펀드 때문에 속

앓이를 많이 했던 듯싶다. 이제 필승 전략에 대해 알게 되었으니, 그분도 투자수익을 꾸준히 높여갈 일만 남았다.

그런데 미스쪼와 박주임은 뭔가 아쉬운 표정이다.

연복리 6%란 목표를 달성할 기초 전략을 공부하긴 했지만, 무언가 수익률을 높일 수 있는 다른 방법이 있지 않겠냐란 생각을 한 것이다. 박주임과 미스쪼는 내심 연 20% 수익률을 목표로 삼은 것이다. 점심시간이 끝나가는 데도 일어날 생각을 않는 두 사람을 바라보던 이팀장이 내일의 커리큘럼을 얘기해 주었다.

"벌써 내일이 8일차 스터디네. 미스쪼와 박주임은 연복리 6%가 불만족스러운 표정인데, 내가 '천천히 차근차근' 쌓아가는 공부를 하자고 했던 거 기억하지? 건물로 치자면 이제 기초 골조를 쌓아 올린 거야. 이제 건물을 어떻게 꾸밀지가 내일의 강의 주제야. 즉 종목 발굴법! 이 방법을 잘 활용하면 플러스 알파의 수익률을 올릴 수 있게 돼.

주식스터디 멤버들은 주식투자의 가장 중요한 코스에 들어섰다는 사실에 설렘과 기대감을 감추지 못했다.

04 바쁜 그대들이여, 이런 종목에 투자하라

주 식 스 터 디　**8일차**

　수요일 점심시간, 주식스터디 4총사가 식당으로 들어서자 언제나 그렇듯 황씨 아저씨는 매일 그들이 모이는 아지트 방으로 안내했다. 그런데 웬일인지 황씨 아저씨는 김치전골을 테이블에 차려 놓고는 나가지 않고 방문턱에 앉아 계셨다.

　"아저씨, 저기 손님 기다리시는데요?"
　박주임의 말을 듣고야 황씨 아저씨는 미적거리며 일어났다.
　"요즘, 황씨 아저씨가 좀 이상해요. 어제도 우리 방 앞을 계속 왔다갔다하시더라니까요."
　미스쪼의 말에 이팀장은 다 알고 있다는 투로 얘기했다.
　"하하, 황씨 아저씨도 주식투자에 관심이 있으신가 봐. 눈치가 그렇더라고."

이때 핸드백 속에서 무언가를 꺼내 보고 있던 안대리가 갑자기 짜증스러운 목소리로 푸념을 했다.

"이런, 가스요금이 올랐네. 지난달엔 전기요금이 오르더니. 공과금뿐 아니라 생필품 가격까지 오르니 도대체 돈은 언제 모아?"

"잠깐만, 안대리! 지금 안대리의 말 속에서 우리가 투자해야 할 종목을 찾을 수 있어!"

이팀장의 말에 모두들 귀가 솔깃했다.

"오늘은 예고했던 대로 투자 종목을 찾는 방법을 알려 줄 거야. 어제 설명했던 투자전략의 연평균수익률에 5~20%p의 수익률을 더 추가할 방법이야. 이제 종목 선정 방법과 매매 전술에 대해 하나하나 알아 보자."

드디어 이팀장의 본격적인 강의가 시작되었다. 전략이라는 큰 그림에 세부적인 전술을 덧붙이게 되는 과정이다.

바쁜 일상에서도 가능한 종목 발굴 방법
가격/요금을 인상한 기업을 찾아라

"내가 좀전에 안대리의 말에서 종목을 발굴할 수 있다고 했지? 바로 가격이나 요금을 인상한 기업을 찾는 거야. 세 사람은 그게 무슨 상관이냐고 생각할지도 몰라. 하지만 지금 우리는 소비자 입장이 아니라 기업 입장이 되어서 생각해야 해. 기업들은 왜 요금이나 가격을 인상할까?"

이팀장의 질문에 미스쪼가 대답했다. 회계업무를 해서 그런지 돈에 대한 감각이 뛰어났다.

"그거야 원가가 상승해서 회사 이윤이 감소했기 때문이죠. 인상을 통해 기업 매출과 이익을 높이는 것이 주요 목적 아닌가요?"

"미스쪼가 잘 설명했어. 요금이나 가격을 인상한 기업의 경우, 매출액과 더불어 이익도 증가하게 되지. 그런데 이러한 매출 성장이나 이익구조 개선에 대한 기대감이 주가를 상승시키게 되어 있어. 즉, 실적이 좋으면 주가도 올라간다는 거지. 우리가 가격이나 요금을 인상하는 기업을 찾아낸다면, 종목 발굴하는 데 큰 도움을 받을 수 있어."

이팀장의 말에 안대리가 말했다.

"제가 불평했던 가스요금이나 전기요금 인상도 주가에 영향을 준다는 얘기네요?"

안대리의 질문에 이팀장이 설명을 이어 갔다.

"물론이지. 특히 도시가스 요금은 '원료비 연동제'가 적용되거든. 직전 2개월간의 원료비 변동분이 요금에 반영된다는 얘기야. 원료비가 이렇게 곧바로 반영되니까 도시가스 회사들은 매년 안정적인 실적을 이어 가고 있어. 여기에 재무적인 안정성도 탄탄하다 보니 우리처럼 하루 종일 주식시장에 관심을 가질 수 없는 직장인이나 개인사업자들이 투자하기 좋은 종목군 중 하나야."

"부산가스를 예로 들어 볼게. 2012년 5월 즈음 18,000원 부근에서 움직이던 주가는 도시가스 요금이 연이어 인상되면서, 2014년에는 4만 원대 중반까지 130% 넘는 주가 강세가 만들어졌어. 그만큼 기업 입장에서는 요금 인상이 큰 호재라 볼 수 있지."

이팀장의 말에 안대리가 반색하며 말했다.

"지역마다 도시가스 업체들이 다 다르잖아요. 가스요금 인상 공고에 짜증을 낼 것이 아니라, 그 회사 주식을 찾아서 사면 된다는 말씀이네요."

자료2-8 부산가스 주가 흐름. 가스요금 인상과 함께 2010년대 초반 강세 후 수년간 조정

"그렇지. 그런데 몇 가지 주의할 게 있어. 공공재 성격이 강한 도시가스 요금의 경우 중앙정부나 지방정부의 가격 조정 압박을 받을 수 있어. 가끔씩 어떤 정치인이 도시가스 요금 인하했다고 플래카드를 걸기도 하잖아? 따라서 공공재를 공급하는 기업의 경우 주가와 실적이 한번 치솟은 뒤에는 몇 년 동안 주가가 약세를 보이기도 해. 부산가스가 2014년 고점 이후 2020년 최근까지 30% 이상 하락하기도 한 이유야. 그리고 그보다도 그 회사 주가가 고평가되었는지 저평가되었는지를 판단해야 해. 그건 차차 설명해 주도록 할게."

생필품 기업은 수익과 주가가 안정적이다

"제가 사랑하는 술값도 요즘 많이 올랐는데요."

박주임이 자신의 전공이라 할 수 있는 술 이야기를 꺼내며 화제를 돌렸다. 영업 업무를 하는 박주임은 점심시간에 반주를 꼭 걸쳤었는데, 요즘 주식스터디를 하면서 낮술을 딱 끊었다.

"허허, 박주임이 좋은 술만 찾으니까 술값이 더 부담되었겠지. 그럼 술 얘기를 해 볼까? 술은 수요가 꾸준하다는 특징이 있지. 슬퍼서 마시고, 기뻐서 마시고, 적적해서 마시고, 좋은 사람과 만나서 마시고 말이야. 이렇게 수요가 꾸준한 제품을 우리는 생필품이라고 부르잖아. 식료품이 대표적이고, 술담배와 같은 기호품, 휘발유 같은 제품군이 있지."

이제 막 살림을 시작한 새신부답게 안대리가 덧붙인다.

"어디 그뿐인가요? 요즘은 통신요금도 생필품이 될 수 있을 것 같아요. 그 외에도 세제, 화장품, 속옷 등등 다양한 생필품이 있을 거예요."

"맞아. 생필품의 종류를 나열하면 끝도 없을 거야. 이런 생필품을 만드는 업체들은 매출액과 순이익이 꾸준하다는 게 중요해. 그것은 바로 이익도 꾸준하다는 말이니까."

이때 갑자기 황씨 아저씨가 방문을 열고 편의점 봉지 하나를 내민다.

"미안, 나도 요즘 도시가스 요금 올라서 식당 하기 힘들어. 여기 아이스크림 좀 사 왔어. 메로나로다가. 후식으로 하나씩 먹고, 주식공부 계속 열심히 하라고~"

황씨 아저씨는 자신도 주식투자에 관심이 있다는 확실한 증거를 남기고 가셨다. 스터디 멤버들은 황씨 아저씨가 남겨 놓은 메로나를 집어 들었다.

"메로나, 저도 참 좋아하는데요. 제가 한번 먹어 보겠습니다."

박주임이 철지난 유행어를 쓰며 '이영돈 PD' 흉내를 냈다. 너무도 똑같이 따라하다 보니 방안은 금세 웃음바다가 되었다.

분위기가 흐트러지지 않도록 이팀장은 곧바로 수업 모드로 돌아갔다.

"자, 여기 메로나를 생산하는 '빙그레'가 어떻게 보면 대표적인 생필품 업체라고 할 수 있어. 주가 차트를 통해 최근의 주가와 실적 추이를 한번 살펴볼까?"

이팀장은 노트북으로 '빙그레'의 최근 실적 추이를 찾아보았다. 빙그레는 2020년 해태아이스크림 인수 및 인기 캐릭터 펭수를 아이스크림 모델로 사용하는 등 공격적인 행보가 눈에 띄었다. 예상대로 회사의 매출은 꾸준히 우상향을 그려왔다.

"빙그레의 2010년부터 2019년까지 10년간의 실적 추이를 보자고. 매출액은 2010년 6,854억 원에서 2019년 8,783억 원으로 매년 안정적으로 성장세가 이어졌고 순이익 또한 적자를 기록하지 않는 등 생필품을 만드는 기업들의 특징이 교과서적으로 나타나고 있어. 보통 음식료업체들의 경우, 적자를 보이는 회사는 거의 없어. 특히 업력이 오래된 기업들의 경우는 특정

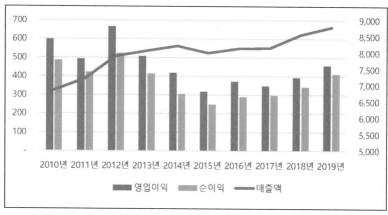

자료2-9 빙그레의 실적 추이. 꾸준한 매출액 증가가 눈에 보인다.(단위 : 억원, 매출액 우축/이익 관련 좌축)

자료2-10 빙그레의 주가 추이. 실적 개선 속에 2013년까지 상승하던 주가는 이후 이익률 감소 속에 주가가 크게 하락하였다.

가공식품에 대한 마니아층이 있잖아? 예를 들어 나 같은 경우 메로나도 좋아하지만 빙그레 누가바나 붕어싸만코도 좋아하거든. 다만 빙그레의 경우 2013년 이후 이익이 낮아지면서 주가에도 영향을 받았을 거야. 주가 차트를 한번 볼까?"

"우와 2010년~2013년 초까지 주가가 3배 가까이 상승하였어요. 그런데 2013년 이후 정말 주가가 크게 하락하면서 2013년 고점 대비 반토막보다도 더 심하게 하락하였는걸요?"

"맞아. 박주임의 말처럼 2013년 이후 이익률이 하락하면서 주가가 크게 하락했어. 어쩌면 2013년 연초의 주가 수준이 음식료 업종 치고는 높은 수준이었는데 실적이 위축되면서 주가가 크게 하락한 것이라 할 수 있지. 그런데 앞에서 2018년, 2019년 실적이 개선되고 있음에도 주가가 상승하지 않는 건 의아하지 않아? 이런 엇박자는 차후 주가를 적정수준으로 되돌리게 해. 즉, 음식료와 같은 생필품 업체들은 주가가 크게 빠졌을 때 실적이 심각하게 훼손되지 않았다면 오히려 새로운 기회를 잉태하게 되는 것이지."

106

이팀장이 메로나를 마지막으로 한입 베어물더니 화제를 돌린다.

"자. 각자의 스마트폰 좀 꺼내 볼까?"

"스마트한 세상에서는 역시 아이폰이죠."

미스쬬가 자신의 최신 폰을 꺼내 놓는다. 식탁 위에 올라온 스마트폰은 미스쬬를 제외하곤, 모두 갤럭시S 시리즈 폰이었다.

"아이폰은 무슨? 요즘은 갤럭시가 대세라고~~"

박주임이 미스쬬를 타박하듯 말했다.

"그래 맞아. 내가 스마트폰을 꺼내 보라 한 것은 '유행의 변화를 눈여겨 보라'는 얘기야. 애플의 아이폰 그리고 삼성의 갤럭시 시리즈의 경쟁은 항상 사람들의 관심을 끌고 있어. 디자인과 감성적인 아이폰 그리고 기능을 강조한 삼성 갤럭시 시리즈는 새로운 모델이 나올 때마다 사람들을 놀라게 하면서 서로 경쟁을 하는데 마니아층은 그 폰만 쓰게 되더라고. 그런데 생각해 보면, 시간이 흐를수록 트렌드가 변하는 것을 실감하곤 해. 시간을 더 돌려서 2007년으로 돌아가 보면, LG전자의 초콜릿폰이 대히트였지. 이런 트렌드와 유행이 기업들의 주가에 큰 영향을 준다는 점을 명심해야 돼."

다들 쉽게 이해가 안 가는 눈치였다. 유행은 돌고 도는데, 주가에 그렇게 심각한 영향을 준다는 게 믿기지 않았던 것이다.

"이해가 잘 안 되는 모양이군. 이렇게 비주얼로 보면 한번에 이해가 될 거야. 초콜릿폰부터 스마트폰까지 관련 기업들의 주가를 보자고."

이팀장은 노트북에서 LG전자의 주가 차트를 찾아 보여 주었다.

"초콜릿폰은 2007년 한 해에만 1,000만 대 이상 판매된 대 히트작이었어.

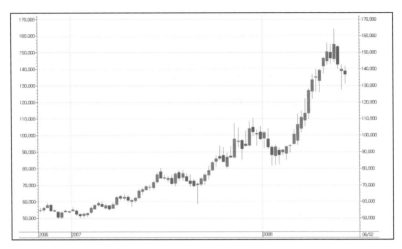

자료2-11 LG전자의 2007~2008년 주가 흐름

초콜릿폰이 유행하던 2007~2008년 LG전자의 주가는 고공행진을 했지.

5만 원 정도였던 주가가 1년 반 만에 16만 원이 넘었으니, 거의 3배가 넘는 주가 상승을 보인 거야. 그때가 LG전자의 리즈 시절이었달까. 그후 스마트폰 시장에서 뒤처지기 시작하면서 2009년 이후에는 확연히 하락세가 고착되고 말았지."

이팀장은 연이어 삼성전자의 차트를 보여 주었다.

"삼성전자의 주가는 반도체, 스마트폰, 가전 등 다양한 사업분야의 실적이 복합적으로 영향을 주지만 가장 큰 영향은 IM사업(스마트폰)과 반도체 업황에 큰 영향을 받는다고 할 수 있어. 최근에는 스마트폰 사업부의 매출이 40%를 넘어갈 정도로 절대적인 존재야. 2010년 갤럭시S1이 출시되었을 때에는 주가에 큰 변화가 없었어. 그러다 갤럭시S2, 갤럭시 노트 및 연이은 갤럭시 시리즈들이 성공하면서 시장 점유율을 늘려갔고 2010년 초 1만 5천

자료2-12 삼성전자의 2009년~2020년 4월까지의 주가 흐름

원에 있던 주가는 2012년 3만 원에 이를 정도로 강한 탄력을 만들었어. 그 후에 잠시 2년 동안 주가가 제자리를 걸었지만 2016년 이후 다시 주가가 레벨업 되면서 3만 원대 주가는 2020년 초 6만 원을 넘기도 하였지. 이 과정에서 새로운 갤럭시 모델들의 성패 그리고 유행은 주가를 좌지우지하는 결정적인 요소라 할 수 있을 거야."

이팀장의 설명에 다들 고개를 끄덕였다. 이때 박주임의 갤럭시 최신 폰이 울려댔다. 벨소리는 소녀시대의 데뷔곡 '소녀시대'였다.

"박주임은 아직도 소녀시대 좋아하나 봐."

전화를 마친 박주임에게 안대리가 물었다. 박주임은 활짝 웃으며 소녀시대 칭찬에 입이 마를 지경이었다.

"안대리님, 소녀시대는 여신이에요, 여신! 저의 여신~ 아우 황홀해. 2007 데뷔 때부터 좋아했다고요. 지금도 활동 열심히 하고 대단하잖아요. 저는 그 중에서도 '유리'가 제일 좋아요."

박주임의 소녀시대 칭송이 길게 이어지자, 안대리와 미스쪼의 표정이 좋지 않았다. 그런데 갑자기 이팀장도 소녀시대를 찬양하는 말을 시작하는 게 아닌가.

"나도 소녀시대 좋아해. 똑같은 뮤직 비디오를 하루에 수십 번 본 적도 있으니까. 그런데 소녀시대 관련해서 재미있는 이야기가 있어. 아마 2011년이었을 거야. 소녀시대의 한 삼촌팬이 자신의 주식계좌를 캡처해 인터넷에 올렸어. 소녀시대가 너무 좋아서 소속사인 '에스엠' 주식을 2천만 원 어치 이상 샀다는 거야."

안대리와 미스쪼가 급관심을 표시했다.

"그래서 어떻게 됐는데요?"

"2,000만 원이 3년 뒤 6억 5천만 원이 되었다는 거야. 뭐 조작설이라는 얘기도 있지만 아무튼 우린 여기서 교훈을 발견하고 넘어가야 해."

박주임이 잘난 척하며 끼어든다.

"아하! 이팀장님께서 알려 주시려는 게 뭔지 알 것 같아요. 유행을 우습게 생각하지 말고 주식 종목을 탐구해 보라는 말씀이죠?"

"박주임님, 대단하세요~ 소녀시대가 나오니까 바로 모든 걸 이해하시네요."

미스쪼가 비아냥인지 칭찬인지 모를 말을 했다.

"이제 다들 주식 세계에 들어왔으니, 박주임 말대로 유행을 종목 발굴로 엮어 보려는 노력을 습관적으로 해야 해. 알았지? 내일은 주식매매와 관련해 '369 매매전술'을 가르쳐 줄 테니까 모두들 빠지지 말고."

이팀장이 명쾌하게 오늘 수업을 정리했다. 안대리와 박주임, 미스쪼 모두 중요한 것을 배워 간다는 생각에 기분 좋게 사무실로 향했다.

05 언제, 어떻게 사고 팔아야 하나? '369 매매전술'

주 식 스 터 디   9일차

이팀장은 부서회의가 늦어져 주식스터디 모임에 20분 늦게 도착했다. 허겁지겁 아지트 방에 들어가니 미스쪼, 박주임, 안대리는 기다리는 게 조금 무료했는지 369게임을 하고 있었다.

"삼육구 삼육구, 일!"

"이!"

"삼! 아차차~"

역시 박주임은 게임의 블랙홀이었다. 안대리와 미스쪼가 벌칙으로 박주임의 등짝을 '짝!' 소리나게 때렸다.

"어? 웬 게임을 다 하고?"

이팀장의 말에 등짝을 긁으며 박주임이 말했다.

"이팀장님이 오늘 369전술을 가르쳐 주신다기에 한번 해 봤죠."

"그래, 오늘은 369를 키워드로 주식투자 강의를 할 거야. 일단 식사부터 하자고."

최초 공개 '369 매매전술'

평소보다 조금 늦은 시간이어설까, 식당은 손님들로 시끌벅쩍했다. 식사를 마치자 곧바로 안대리의 질문이 시작됐다.

"369가 오늘 교육의 키워드라 하셨는데, 그 3가지 숫자에 어떤 심오한 뜻이 있는 건가요? 어젠 어떤 종목을 골라야 할지 알려 주셨는데, 오늘은 보다 구체적인 이야기가 진행되는 거죠?"

"그래, 오늘은 언제 어떻게 사고 팔아야 하는지 알려 줄 거야. 전문 투자자가 아닌 직장인이나 학생, 개인사업자들은 주식만 신경 쓰고 있을 수 없잖아. 그래서 언제 어떻게 매매해야 할지에 대한 기준이 필요한 거야."

이팀장이 오늘 주식스터디의 주제를 던지자 박주임이 흥부차장 이야기를 꺼냈다.

"그거 흥부차장님 얘기네요. 타이밍을 놓쳐서 매도 못 한 종목들이 계좌에 잔뜩 쌓여 있대요. 손실이 난 종목은 손해 보고는 절대 못 판다며 계속 들고 있고, 수익 난 종목은 언제 팔아야 할지 몰라 계속 가지고 있다가 결국 손해 보는 스타일이죠."

"흥부차장님뿐 아니라, 대부분 투자자들이 그렇다고 봐야 해. 매매의 기준이 없다 보니, 손실 난 종목들이 계속 쌓이게 되는 거야. 손실 난 종목을 100개나 보유하고 있다는 사람들도 있어. 답답한 일이지. 그런데 간단한 기준 한 가지만 있으면 확실히 정리할 수 있어."

이팀장은 무언가 비밀스러운 이야기를 하려는 듯 살짝 뜸을 들였다.

미스쪼가 그새를 못 참아 속사포처럼 물었다.

"우리가 배웠던 주식혼합전략처럼 쉽고 간단한 방법인가요? 전업 투자자인 친구 아버지한테 얘기 들은 적이 있는데, 차트가 어떻고 저떻고, 뭐가 뭔지 통 모르겠더라고요."

"네버! 절대 아니니까 걱정 마. 시간 없는 직장인도 쉽게 따라할 수 있는 명쾌한 방법이니까. 그 방법이 바로 369 안에 있지."

박주임은 장난스럽게 혼잣말을 했다.

"외워 둬야지! 삼육구, 삼육구, 삼육구, 삼육구~"

이팀장이 369전술의 개념을 또박또박 설명했다.

"3개월 혹은 6개월에 한 번씩 3~9개의 종목으로 포트폴리오를 모두 교체하는 거야!" (그 이상의 종목수면 포트폴리오 안정도엔 금상첨화)

다들 의아했다. 무언가 복잡하고 거창한 방법인 줄 알았는데, 단 한 줄로 정리가 되니 믿기지 않았던 것이다. 유일하게 주식투자 경험이 있는 안대리가 질문했다.

"우리가 익히 들어 왔던 원칙이 아니네요. 주가가 어느 가격대를 돌파하면 매수하라든가, 얼마 이하에서 손절매하라는 그런 원칙 말이에요."

"그렇지. 아마 매우 생소할 거야. 이 방법은 특히 따로 본업이 있는 투자자들에게 유용한 전술이야. 3~6개월에 한 번 3~9개 종목으로 포트폴리오를 교체하는 이 전술은 여러가지 장점을 가지고 있어. 어떤 장점인지 혹시 짐작 가는 사람 있나?"

박주임은 흥부차장을 떠올리며 대답했다.

"손실 난 종목들을 깔끔하게 털어 버릴 수 있다는 거요."

"박주임이 정곡을 찔렀어. 첫 번째 장점이 바로 그거야. 3개월 또는 6개월이라는 정해진 시점에 모든 종목을 매도하기 때문에 투자를 깔끔하게 초기화 할 수 있지. 그리고 새로운 3~9개 종목으로 다시 세팅을 하는 거야."

미스쪼도 박주임에게 질세라 대답했다.

"그건 거꾸로 말하면 3개월이나 6개월 안에 깔끔하게 이익 실현을 할 수 있다는 얘기도 되죠. 자칫 수익이 났던 종목이 손실로 돌아서는 참사는 없겠네요."

"그렇지! 박주임, 미스쪼 모두 대단한 걸? 이 전략의 장점은 손실 종목은 깔끔하게 정리하고, 수익 종목은 매도해서 수익을 확정 지을 수 있다는 거야. 그리고 주기적으로 종목을 교체하기 때문에 심사숙고해서 새로운 종목을 선정할 수 있다는 장점도 있지."

그런데 안대리는 약간 이해가 안 되는지, 고개를 갸웃거리며 질문했다.

"그래도 무언가 정확한 시점에 매매해야 수익이 극대화되는 것 아닐까요?"

"많은 사람들이 그렇게 생각하지. 회사에서도 하루 종일 주식시세판을 보며 흥분하기도 하고 좌절하기도 하지. 안대리도 주식투자 해 봐서 알겠지만, 매매의 고점 저점을 정확하게 집어 내기가 쉬울까? 저점인 줄 알았는데 허무하게 무너지고, 고점이라 생각했는데 더 치고 올라가는 경우를 흔하게 봤을 거야. 대부분 투자자들이 손실 난 종목을 매도하지 못해 계속 들고 가고, 크게 오른 종목들을 추격매수 했다가 낭패를 보게 되는 거지. '369 매매전술'만 기억하면 그런 일은 겪지 않아도 돼."

'369 매매전술'과 '가치스타일 투자전략'의 관계

이번엔 박주임이 질문했다.

"이팀장님, '369 매매전술'은 언제 어떻게 투자할지에 대해 알려주는 기준이잖아요. 그런데 언제 어떻게도 중요하지만 어떤 종목을 사야 할지도 구체적으로 알려 주셔야죠. 혹시 저희에게 숨기고 있는 비법이라도?"

"흐흐, 내 그 질문이 언제 나오나 했다. 박주임 말대로 내가 어떤 종목을 사야 할지 콕 집어 주지 않은 이유는 우리 주식스터디가 '가치스타일 투자전략'이라는 대전제를 깔고 있기 때문이야. 어제 공부한 내용 기억하지? 가격이 오른 기업, 유행을 이끄는 기업, 생필품 기업의 주가를 주목하라는 것도 근본적으로는 가치스타일 투자의 방법이야. 그런데 지금 그 전략을 설명하면 강의가 지루해질까 봐 뒤로 미뤄 둔 거고."

궁금한 게 많은 박주임의 입에서 질문이 쏟아졌다.

"가치스타일이요? 지금 설명해 주시면 안 되나요? '369 매매전술'과 관련 있는 건가요?"

"원론적으로 '가치스타일 투자전략'은 1년에 한 번씩 수십 개의 종목으로 포트폴리오를 꾸리고, 매년 종목 교체를 하는 방법이야. 언뜻 들으면 '369 매매전술'과 비슷하지? 단지 종목수가 많고 투자기간이 길 뿐이야. '가치스타일 투자전략'을 더 쉽고 간단하게 압축해 놓은 것이 '369 매매전술'이라 할 수 있어."

가만히 듣고 있던 미스쪼가 질문했다.

"369 매매전술과 가치스타일 투자전략이 같은 뿌리에서 나왔다는 거네요. 그런데 그렇게 정기적으로 종목을 바꾸는 전략으로 과연 수익이 나올지 확신이 안 생겨요."

"그럴 수 있지. 내가 2004년부터 '가치스타일 투자전략'을 연구한 자료가 있는데, 그 결과를 보여 주면 되겠지?"

이팀장은 이제까지 아무에게도 보여 주지 않았던 노트북 속의 비밀 자료를 세 사람에게 공개하기로 했다.

"아까 가치스타일 투자에 대해서는 설명했어. 50여 개의 종목으로 포트폴리오를 구성하고 1년간 무조건 보유하는 거야. 1년이 지나면 가치투자 기준에 맞게 종목을 교체하고 또 다시 1년간 보유, 그렇게 1년에 한 번씩만 종목을 교체하는 전략이야. 그 결과가 이 그래프야."

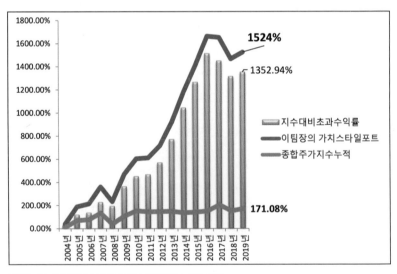

자료2-13 이팀장의 '가치스타일 투자전략' 누적수익률

이팀장의 말에 세 사람은 노트북의 그래프를 뚫어져라 쳐다봤다.

"종합주가지수 대비 우월한 수익률이 한눈에 보이지? 매년 큰 폭으로 종합주가지수를 앞서고 있어. 2004년 연초부터 2019년 연말까지 16년 동안 종합주가지수 수익률이 171%인 반면 가치스타일 투자는 1,524%의 수익률을 올려서 1,352p% 앞섰어. 연복리로 따지면 무려 19%나 되는 높은 수익률이라 할 수 있지."

"와우! 가치스타일 투자전략, 정말 멋지네요. 그런데 아까 가치스타일 투자전략을 간단하게 압축해 놓은 것이 '369 매매전술'이라 하셨잖아요. 우리에게 가치스타일 투자전략이 아닌 '369 매매전술'을 알려 주신 이유가 있나요?"

안대리가 똑부러지게 물었다.

"물론 이유가 있지. 3가지로 정리해서 이야기해 줄게. 첫째, 투자기간을 1년으로 잡으면 좀 지루하기도 하고, 주식투자를 하고 있는 건지 아닌지 실감이 나지 않을 수 있다는 거야. 둘째는 1,000만 원이라는 종잣돈으로 수십 개의 종목을 꾸리기가 현실적으로 어렵다는 것! 예를 들어 SK텔레콤을 1주만 편입해도 전체 자산의 20% 수준에 육박하잖아? 종잣돈이 적은 경우에는 부득이하게 3~9종목으로 종목수를 적게 가지고 가는 것도 방법이야."

"마지막 세 번째 이유는 뭐죠, 이팀장님?"

안대리가 궁금한 듯 이팀장을 재촉했다.

"세 번째 이유는 투자기간과 관련이 있어. 종목수가 적을 때는 리스크가 상대적으로 높아. 그래서 1년을 보유하는 것보다 3개월, 또는 6개월을 보유하다가 새로운 종목으로 갈아타는 것이 좋다는 거야. 그래야 포트폴리오 매매 케이스 수가 늘어나는 효과가 발생해."

이번엔 박주임이 질문했다.

"그럼 2000년에 이팀장님이 종잣돈을 만들 때도 3개 종목으로 포트폴리오를 꾸린 거예요?"

"맞아. 현대미포조선, 웅진코웨이, 코리아나 3개 종목으로 7개월 만에 1,000만 원을 만들었지."

"그럼 내일은 이팀장님의 주식투자 체험담을 얘기해 주세요, 네?"

이팀장은 박주임의 요청에 고개를 끄덕였다.

"오케이, 중간에 '가치스타일 투자전략'이 나와서 헷갈릴 수도 있지만, 오늘 기억해야 할 포인트는 '369 매매전술'이야. 자, 다 같이 한번 외워 볼까?"

안대리, 박주임, 미스쪼 세 사람은 오늘 배운 내용을 입으로 외우며 머리에 새겼다.

"3, 3개월에 한 번씩!"

"6, 혹은 6개월에 한 번씩!"

"9, 3~9개의 종목으로 포트폴리오를 모두 교체하라!"

마지막으로 이팀장이 다시 한 번 '369 매매전술'을 정리했다.

"3~6개월에 한 번씩 저평가된 3~9개 종목으로 포트폴리오 종목을 모두 교체하라!"

이것으로 이팀장의 오늘 강의가 끝났다. 스터디 멤버들은 회사 일을 하면서도 주식투자로 만족할 만한 수익률을 올릴 수 있겠다는 기대감에 가슴이 설레었다.

06 이팀장, 투자 비법을 공개하다

주 식 스 터 디 　10일차

주식스터디 열흘째 날, 금요일이다.

박주임과 미스쪼는 오늘 저녁 각자 소개팅이 잡혀 있어 한껏 들떠 있었다. 식사를 서둘러 마친 주식스터디 사총사는 오늘 수업이 무척이나 기대되는 눈치다. 사내에서 거의 전설처럼 떠도는 이팀장의 주식투자 경험담을 듣기로 한 날이기 때문이다.

개 인   재 무 제 표 를   매 달   정 리 하 라

"이제 주식투자를 본격적으로 하게 될 텐데, 자신의 자산에 대해 잘 정리해 두는 게 필요해. 주식계좌만 들여다 보고 막연하게 추정 하면 안 된다는 거야. 나는 2001년 종잣돈 1,000만 원이 달성되었을 때부터 지금까지 자산 상황을 엑셀에 정리해 보관하고 있어. 나만의 재무제표라고 할 수 있지. 현재 나의 자산과 부채를 한눈에 볼 수 있거든. 한마디로 개인 재무제표를 매달 정리하라는 얘기야."

  이팀장이 어떤 종목을 선정해 자산을 불려 나갔는지 알려줄 줄 알았는데
생소하기 이를 데 없는 '개인 재무제표'라니, 모두들 어리둥절한 표정이다.
회계에 대해 전혀 모르는 박주임이 볼멘소리를 한다.
  "이팀장님, 그 재무제표란 게 복잡하고 어렵잖아요? 차변 대변 나누고, 거
뭐 골치 아픈 거 그거잖아요?"
  "흐흐, 박주임이 재무제표라고 해서 쫄았구만. 그런 거 아니야. 요즘 엑셀
이야 초딩들도 다루잖아. 엑셀을 이용해 간단하게 몇 줄로만 만들면 돼. 내
재무제표를 보여 줄 테니 오늘부터 각자 만들어 보라고."

  이팀장은 노트북을 펼쳐 USB에 담겨 있는 본인의 재무제표 엑셀 파일을
보여 주었다. 중요한 자료인 만큼 비밀번호도 붙어 있었다. 엑셀이 실행되
자, 생각보다 간단한 화면에 박주임의 표정이 밝아졌다.
  "어라? 이게 재무제표라고요? 진짜 간단한데요."

년월	적립식계좌	거치식계좌	부동산자산	부채(아파트담보대출)	이과장 순자산
2001년 5월	11,079,018				11,079,018
2002년	11,440,000	13,294,822			24,734,822
2003년	12,480,000	29,681,787			42,161,787
2004년	13,520,000	58,929,529			72,449,529
2005년	14,560,000	137,861,424			152,421,424
2006년	15,600,000	3,577,213	250,000,000	100,000,000	169,177,213
2007년	16,640,000	28,188,853	300,000,000	94,999,996	249,828,857
2008년	17,680,000	32,367,894	342,500,000	89,999,992	302,547,902
2009년	18,720,000	85,677,086	345,000,000	84,999,988	364,397,098
2010년	19,760,000	128,916,598	350,000,000	79,999,984	418,676,614
2011년	20,800,000	150,160,482	355,000,000	74,999,980	450,960,502
2012년	21,840,000	196,007,560	355,000,000	69,999,976	502,847,584
2013년	22,880,000	272,251,599	365,000,000	64,999,972	595,131,627
2014년	23,920,000	370,584,437	375,000,000	59,999,968	709,504,469
2015년	24,960,000	464,599,351	375,000,000	54,999,964	809,559,387
2016년	26,000,000	572,348,083	405,000,000	49,999,960	953,348,123
2017년	27,040,000	594,937,981	485,000,000	44,999,956	1,061,978,025
2018년	28,080,000	555,777,360	650,000,000	39,999,952	1,193,857,408
2019년	29,120,000	605,358,222	775,000,000	34,999,948	1,374,478,274

자료2-14 . 이팀장의 개인 재무제표

나름 회계 전문가인 미스쪼도 한마디 거든다.

"진짜 초등학생 수학처럼 쉽게 구성해 놓으셨네요. 한눈에 알아볼 수 있겠네요."

이팀장의 재무제표는 크게 자산 부분과 부채 부분으로 구분할 수 있다.

주식계좌(적립식과 거치식)와 부동산자산이 자산 부분이고, 아파트 담보대출이 부채 부분이다.

주식계좌엔 매달 월급이 들어올 때마다 꾸준히 적립식으로 투자하는 '적립식 계좌'와 1년에 한 번씩 적립한 금액을 합치는 '거치식 계좌'가 있다.

위의 도표를 보면 이팀장이 2006년 1억 대출을 받아 집 장만을 했다는 사실도 알 수 있다.

"이게 바로 이팀장님의 투자 히스토리군요. 이 표만 봐도 이팀장님이 언제 집 사고, 언제 얼마를 모았는지 알 수 있겠네요."

안대리는 이팀장의 개인 재무제표를 보며 혀를 내둘렀다. 자신도 나름대로 재테크를 한다고 해 왔지만, 한번도 생각 못 한 일이었기 때문이다.

"이 재무제표는 2002년부터 연 단위로 정리해 놓은 거야. 매달 정리하는 재무제표는 따로 있어. 난 이 표를 볼 때마다 가슴이 뿌듯해져. 적은 연봉으로도 성실히 자산을 불려온 게 한눈에 확인되니까."

이팀장은 지나 온 날들이 생각나는지 잠시 뜸을 들이다 말을 이었다.

"투자를 시작하고 매년 연봉이 인상됨에 따라 월 투자 금액을 늘려 갔어. 2009년까지는 공격적으로 투자해서 종합주가지수 대비 20%p 앞서는 투자

성과를 보였지. 그러다가 2010년부터는 조금 신중하게 투자하고 있어. 종합주가지수 대비 10%p 정도 더 수익률을 내고 있어. 2008년 금융위기를 겪은 게 큰 교훈이 되었다고나 할까?"

이팀장의 재무제표를 한참 들여다보던 미스쪼가 물었다.

"이팀장님 2005년에서 2007년 사이가 조금 이상해요. 자산이 뭔가 빈 거같은데, 무슨 일이 있었던 건가요?"

"역시 미스쪼는 계산이 빠르군. 2005년부터 내가 MBA 과정에 들어갔잖아. 당시엔 한 학기 등록금이 600만 원쯤이었어. 1년에 1,200만 원, 총 5학기 동안 대략 3,000만 원을 등록금으로 썼지. 그리고 2006년에 서울에 작은 아파트를 한 채 샀어. 대출 1억에 내 돈 1억 5천만 원을 더해 2억 5천만 원

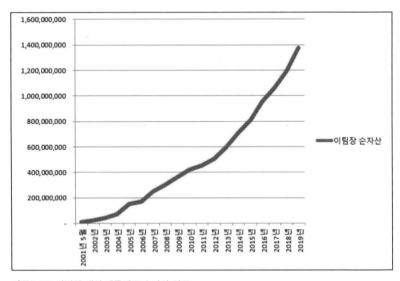

자료2-15 이팀장 개인 재무제표 순자산 차트

짜리 아파트를 구입했지. 그 모든 것이 주식투자로 꾸준히 안정적인 수익을 올린 덕분이지. 이 재무제표를 차트로 바꿔 보면 내 말이 더 실감날 거야."

이팀장은 본인의 순자산 차트를 보여 주면서 말을 이어 갔다.

"만약 19년 동안 연봉을 하나도 안 쓰고 그대로 모았다면 5~6억을 모았 겠지만 소비가 0원일 수는 없으니 현실적으로 불가능해. 하지만 직장인으로 회사생활 잘하고, 주식투자로 수익을 꾸준히 냈다는 게 나만의 자랑이라 할 수 있지. 안대리, 박주임, 미스쪼도 개인 재무제표를 만들어 자신의 투자를 잘 관리하면, 몇년 뒤에는 뿌듯한 성과를 달성할 수 있을 거야".

종잣돈 불리기, 적립식계좌와 거치식계좌의 구분

미스쪼가 이팀장의 재무제표에서 또 이상한 점을 발견했다.

"이팀장님, 개인 재무제표에 '적립식계좌'와 '거치식계좌'를 구분해 놓으셨 는데요, 어떤 이유라도 있나요?"

"미스쪼는 역시 중요한 포인트를 콕콕 찔러 준다니까. 적립식계좌와 거치 식계좌를 구분한 이유, 당연히 있지. 우리가 앞에서 공부한 '주식혼합전략' 과 '369 매매전술' 그리고 '가치스타일 전략' 등을 사용할 때, 지금까지 쌓인 자산(거치식계좌)과 쌓아가는 자산(적립식계좌)은 각기 다른 전략을 써야 할 필요가 있거든."

"그렇겠네요. 거치식계좌는 자산이 큰 규모로 쌓이니까 '369 매매전술' 대 신 '가치스타일 전략'을 쓸 수 있고, 반면 적립식계좌는 간단히 '369 매매전 술'만 사용해야 하는 상황이 벌어진다는 거죠?"

안대리가 순발력 있게 대답했다.

"안대리 말이 맞아. 보통 적립식으로 쌓아 가는 계좌는 매우 공격적으로 운용해도 돼. 매달 투자하는 금액을 100% 주식으로 설정해도 되는 거지. 그 대신에 거치식계좌는 몸집이 있기 때문에 '50 vs 50 전략' 혹은 '연령별 주식 혼합전략'과 같이 안정적으로 운용해야 하지. 그래서 적립식계좌와 거치식계좌를 나누어 1년에 한 번씩 관리해 주면 나처럼 좋은 성과를 내게 될 거야."

이팀장은 적립식계좌와 거치식계좌를 관리하는 방법을 깔끔하게 정리해 다시 한번 설명해 주었다.

1. 증권계좌 2개를 개설하고 한 개는 적립식계좌, 다른 한 개는 거치식계좌로 정한다.

2. 적립식계좌는 매달 공격적인(주식 100%) '369 매매전술'로 자금을 모아 간다.

3. 1년이 되는 시점에 적립식계좌의 모든 자산을 거치식계좌로 이전한다.

4. 거치식계좌는 '주식혼합전략(자산배분전략)'으로 운용한다.

5. 적립식계좌는 0원에서부터 다시 차근차근 쌓아 간다.

6. 다시 1년이 지나면, 3번부터 다시 반복한다.

"6가지로 정리해 주시니, 귀에 쏙 들어오네요. 그런데 펀드 투자할 때도 이런 계좌 구분이 유용할까요? 지난번에 말씀 드린 그 공무원 언니가 적립식펀드도 갖고 있는데, 몇년째 적립만 하고 있는 거예요. 돈도 꽤 많이 모인 것 같던데, 그래도 되는 건지요?"

안대리가 친척 언니를 떠올리며 질문했다.

"적립식펀드라고 무조건 적립만 하면 안 되지. 어느 순간 거치식펀드처럼 자금 규모가 커져 있기 때문이야. 안대리 친척 언니가 '적립식계좌'와 '거치식계좌'를 구분해서 운용한다면 단순히 적립식펀드에 불입하는 방식보다 더 안정적이고 좋은 결과를 거둘 수 있을 거야. 단, 거치식계좌를 운용할 때는 꼭 '주식혼합전략(자산배분전략)'을 사용해야 한다는 점을 잊어선 안 돼!"

이팀장의 말이 끝나자마자 갑자기 방문이 열리더니 황씨 아저씨가 들어왔다.

"다들 식사 맛있게 하셨나? 여기 매실엑기스 시원하게 한잔 하면서 소화좀 시켜. 집에서 직접 담근 거라 몸에도 좋아. 허허."

주식스터디 멤버들은 조금 민망한 듯 헛웃음을 흘리는 황씨 아저씨를 재미있다는 표정으로 바라보았다. 사실 모두가 이미 눈치채고 있었던 것이다. 황씨 아저씨가 주식스터디가 시작된 이후 문밖에서 계속 '도강'을 하고 계셨다는 것을.

"아저씨, 그동안 우리 강의 엿들으셨죠?"

미스쪼가 놀리듯 물었다.

"허허. 눈치들 빠르구만. 나도 주식투자에 관심이 많잖아. 그런데 가게 일이 바쁘다 보니 제대로 공부를 할 수가 없더라고. 왔다갔다할 때마다 주식 공부하는 소리가 들리기에, 저절로 듣게 되더라고. 미안~"

황씨 아저씨가 쑥스러운 듯이 말했다.

"이제 황씨 아저씨도 같이 공부하시죠. 모두 잘살아 보려고 배우는 거잖아요."

박주임이 호탕하게 말했다. 사실 박주임은 황씨 아저씨가 가게 끝난 후에 술 한잔씩 하는 친한 사이였다.

"그러시죠. 다른 여성 멤버들도 괜찮지?"

이팀장의 물음에 미스쪼와 안대리도 적극 환영을 표시했다.

"자, 그러면 황씨 아저씨도 다음주 월요일부터 참석해 주세요. 가게 일 바쁘시겠지만 며칠만 들으셔도 좋은 공부가 될 겁니다. 그럼 다음주 월요일 점심 때 11일차 강의 시작하도록 할게요. 그럼 오늘 수업 끝!"

이제 주식스터디 멤버는 5명이 되었다. 빡빡한 샐러리맨 연봉을 주식투자로 불려 나갈 목표를 가진 미스쪼, 박주임, 안대리 그리고 개인사업자 황씨 아저씨, 모두 바쁜 일상을 사는 평범하고 소박한 사람들일 것이다. 이런 저런 생각을 하며 사무실로 올라가는 이팀장은 어깨가 무거웠다.

그날 저녁, 미스쪼와 박주임은 같은 시간에 회사를 나왔다. 금요일 저녁 각자 소개팅이 예정되어 있어 그들의 발걸음은 가벼웠다. 서로 잘 쉬고 다음주 보자고 인사를 나누고 박주임은 버스 정류장으로, 약속시간을 중요하게 여기는 미스쪼는 지하철 역으로 향했다.

차가 막히는 퇴근시간, 지하철을 탄 덕분에 약속 장소인 강남역 앞 유명 빵집에 10분 일찍 도착한 미스쪼에게 소개팅을 주선해 준 선배로부터 메시지가 왔다.

"소개팅 남의 전화번호! 남자 진짜 진국이니까 잘해 봐. 불금불금~"

복잡한 거리에서 낯 모르는 남자를 기다리고 있자니 민망했던 미스쪼는 상대방 남자에게 전화를 걸기로 했다. 어딘가 낯익은 전화번호, 그런데 바로 옆에서 '소녀시대' 벨이 울리는 게 아닌가? 이게 무슨 상황인지 파악하기도 전에, 휴대폰을 꺼내며 헐레벌떡 뛰어오는 박주임이 보였다.

"어, 미스쪼가 왜……"

박주임도 그제서야 상황이 짐작되나 보았다.

두 사람은 상대방이 누구인지 자세히 알아보지도 않고 소개팅 자리에 나온 것이다. 둘은 멍하니 서로를 쳐다보며 한참 그대로 서 있었다.

Summary
02

- 복리의 효과는 시간이 길어질수록 극대화된다. 아인슈타인도 '복리는 인간의 가장 위대한 발명'이라 평했다.

- '72의 법칙'를 이용하면 투자원금을 2배로 키우기 위한 연간 수익률과 기간을 쉽게 계산할 수 있다.

- 주식투자에 있어 가장 중요한 것은 전략이다. 전략이 있어야 성공할 수 있다.

- 가장 기본이 되는 주식투자 전략은 '주식혼합전략(자산배분전략)'이다.

- 주식혼합전략에서 가장 중요한 기준일은 본인의 생일로 하는 것이 좋다.

- 주식혼합전략을 쓰면 투자심리를 안정시켜 투자기준을 공고히 유지할 수 있다.

- 주식혼합전략을 장기적으로 이어갈 경우 '저가매수, 고가매도'라는 이상적 매매상황이 나타난다.

- 바쁜 일상에서 종목을 발굴할 때는 본인의 생활과 밀접한 기업을 찾아라.

- 최근 요금 인상을 한 기업, 생필품 관련 기업, 유행과 트렌드를 선도하는 종목을 발굴하라. .

- '369 매매전술'은 누구나 따라할 수 있는 쉬운 전술이다. .

- '369 매매전술의 가장 큰 특징은 주기적으로 종목을 모두 바꾼다는 것이다.

- '가치스타일 투자전략'이 '369 매매전술'의 기본 베이스다.

- 자신만의 개인 재무제표를 매달 정리하라.

- 개인 재무제표는 본인의 자산 흐름을 파악해서 효율적으로 투자하게 한다.

- 투자금이 커지게 되면, 적립식계좌와 거치식계좌를 분리 운용하라.

황씨 아저씨의 주식투자로  가게 키우기

| 자영업자의 목돈 운영하기 |

벌써 주식스터디를 시작한지 11일째. 한 주일이 지날 때마다 멤버가 한 명씩 늘어나면서 이제는 황씨 아저씨까지 총 5명이 되었다.

오늘도 모든 멤버들이 황씨 아저씨 식당 스터디룸에 모였다. 황씨 아저씨는 며칠간 사모님께 가게를 부탁하고, 집중적으로 주식스터디에 참여하기로 했다. 여의도 일대에서는 점심시간 장사를 놓치면 손해가 막심한데도 2~3일 시간을 내서 공부하겠다는 것을 보면 황씨 아저씨도 주식공부를 하겠다는 의욕이 컸던 모양이다.

주식스터디 멤버들이 식사를 마친 12시 반쯤에 황씨 아저씨가 들어오셨다. 오늘 스터디는 황씨 아저씨의 이야기로 시작되었다.

황 씨 아 저 씨 의 주 식 투 자 로 가 게 키 우 기

01 추천주와 과도한 일임매매의 위험

"나에게도 기회를 줘서 모두에게 얼마나 고마운지 몰라. 알다시피 내가 이 식당을 시작한 지 꽤 오래 되었잖아. 장사가 잘될 때는 목돈을 만지기도 했지만, 불황일 때는 크게 손해를 보기도 했지. 지하식당에 갇혀 하루하루 쳇바퀴 돌듯 살다 보니, 시간이 어떻게 가는지 세

상이 어떻게 돌아가는지 알 수가 없었지. 그러니 주식투자는 꿈도 못 꿀 얘기였고……"

황씨 아저씨의 이야기는 생각보다 길게 이어졌다.

2007년 식당이 정상궤도에 오르면서 황씨 아저씨는 그제서야 신문을 볼 수 있는 여유가 생겼다고 한다. 당시 신문엔 주식시장이 활황이어서 코스닥에서 대박이 났다, 어떤 테마종목들이 수십 배 올랐다는 뉴스들이 지면을 장식했다. 황씨 아저씨는 증권사에 가서 계좌를 만들고, HTS라는 것도 식당 컴퓨터에 설치하면서 주식투자에 대해 조금씩 알아 가고 있었다.

다단계 판매와 유사한 추천주의 메커니즘

황씨 아저씨는 HTS에서 차트를 보는 것도 재미있고, 뉴스화면을 보는 것도 신기하고 마치 신세계를 만난 듯했다. 수년간 식당을 하며 모은 돈 5,000만 원도 과감하게 증권계좌에 넣어 뒀다. 어떤 종목에 투자해야 할지 감이 잡히지는 않았지만 다행히 식당이 여의도에 있으니 주식을 잘 아는 손님들에게 정보를 얻으면 그리 어려울 것 없다고 생각한 것이다.

그러던 중, 당시 단골이었던 주식투자 잘한다는 A씨가 황씨 아저씨에게 아주 은밀한 정보라며 종목을 귀띔해 주었다.

"아저씨, '루보'라는 종목이 요즘 대세예요. 최근 6개월 만에 40배 오른 종목이 있는데요, 이 종목이 그것보다 몇 배는 더 올라갈 거래요."

'40배'라는 말에 황씨 아저씨의 가슴이 방망이질해 댔다. HTS에서 본 루보의 주가 차트는 화려했다. 황씨 아저씨는 두근거리는 가슴을 진정시키고, 다음날 4만 5천 원에 루보 주식을 5천만 원어치 매수했다.

이제는 돈 버는 일만 남았다는 생각에 황씨 아저씨는 들떠 있었다. 하루 종일 두근거리는 마음을 달래면서 식당 일에 집중하다가 장 마감 후에 주가를 보니, 4만 5천 원에 산 주식이 4만 8,500원으로 마감되었다. 한나절 만에 7%의 수익을 올려 350여 만 원이라는 돈을 번 것이다.

황씨 아저씨는 '이게 바로 주식투자구나!'라는 생각이 들었다. 다음날은 장중에 주가가 12% 넘게 빠지기는 하였지만, 루보는 1% 조금 안 되는 수준으로 상승하여 또 다시 평가금액이 올라갔다. 황씨 아저씨는 이 주식이 왜 이렇게 올라가는지 궁금했다. 마침 다음날 A씨가 식당에 왔다.

"추천해 준 루보 덕분에 요즘 살 맛이 나. 그런데 이걸 팔아야 해, 아님 갖고 있어야 해?"

황씨 아저씨는 A씨가 내미는 식사대를 받지 않겠다고 말하며 이렇게 물었다.

A씨는 주변을 살피더니 목소리를 낮춰 대답했다.

"아저씨, 이번 기회에 큰돈 만지셔야죠. 자금 있으시면 더 사세요."

자신감이 충천한 황씨 아저씨는 다음날 5천만 원어치의 주식을 추가 매수했다. 장중에 흔들림은 있었지만, 최종 5% 상승하면서 주가는 5만 원을 넘어섰다. 수익금만 해도 거의 천만 원 돈이 넘었다. 단 며칠 만에 1억을 투자해 천만 원이라는 수익을 올렸다는 생각에 잠도 오지 않을 지경이었다.

황씨 아저씨는 꿈 같은 시간을 보내고 있었다. 올해 안에 식당을 1층으로 확장 이전할 계획도 세우고, 오랫동안 소원했던 가족들과 외식을 하기도 했다. 사모님과 아이들까지 덩달아 축제 분위기였다.

아저씨는 다음날 점심 영업 준비를 하다가 루보의 주가가 궁금해 HTS를 켰다. 그런데 루보의 차트는 시퍼렇게 물들어 있었고 (당시 하한가인) '-14.98%'라는 숫자가 선명하게 눈에 들어왔다. 거래량도 거의 없었다. 주식투자에 대해 잘 모르는 황씨 아저씨지만 직감적으로 이상하다는 것을 느꼈다.

황씨 아저씨는 급한 마음에 증권사 담당 직원에게 전화했다.

"루보 주가가 좀 이상해. 거래도 없이 -14%가 넘게 하락했다고 나오는데."

잠시 뒤 전화기에서 들려 오는 증권사 직원의 말을 들으면서 황씨 아저씨의 머릿속이 하얘졌다. 뭔가 불길한 일이 일어나고 있다는 예감이 들었다.

"아니, 검찰에서 조사하면 조사하는 거지 무슨 주가가 거래도 없이 하한가로 떨어져?"

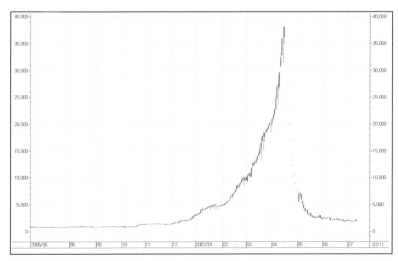

자료3-1 황씨 아저씨가 투자했던 2007년 루보의 주가 차트

황씨 아저씨는 증권사 직원의 대답에 기분이 몹시 상했지만 자신에게 정보를 알려 준 A씨에게 물어 봐야겠다고 애써 담담히 생각했다. 하지만 A씨는 그날도 다음날도 나타나지 않았다. 뭔가 기분이 이상했다.

루보의 주가는 다음날도 하한가로 시작해서 하한가로 마감되었다. 팔지도 못하고 눈 뻔히 뜨고 손실을 지켜볼 수밖에 없었다. 시간이 지날수록 손실은 눈덩이처럼 불어났다. 5일 만에 1억의 투자금은 반토막났다. 분한 마음에 혈압이 치솟았는지 황씨 아저씨는 식당에서 잠시 실신하기도 했다고 한다.

그러다 황씨 아저씨는 경제 뉴스를 보고, 자신이 무슨 짓을 당했는지 깨달았다. 신종 피라미드 방식이 동원된 대규모 작전에 끌려 들어간 것이었다. 다단계 투자자들이 자금을 동원해 루보의 주식을 사고, 주가가 올라가기 시작하면 다단계 투자자들이 또 다른 피해자를 데려 오고 투자금을 늘리면서 주가를 끝없이 끌고 올라갔던 것이다.

황씨 아저씨의 고민이 깊어 갔지만, A씨와는 연락이 닿지 않았다. A씨와 같이 식당에 왔던 이들에게 물어 보아도 모른다는 대답뿐이었다. 결국 황씨 아저씨는 연일 하한가를 이어 가던 어느 날 매도를 결심했다. 1억이란 투자금은 단돈 2천만 원이 되었다.

10분의 1토막이 난 과도한 일임매매

아저씨는 망연자실했다. 본인의 실수라고 하기에는 너무도 가혹한 결과였다.

이것이 황씨 아저씨가 해 준 이야기의 1막이다. 2막이 또 있었던 것이다.

아저씨는 남은 2천만 원으로 원금을 회복하기 위해 다른 증권사를 찾았다. 거기서 만난 직원이 B씨였다. B씨는 본인에게 모든 것을 맡겨 주면 단시간에 원금을 회복하게 해 주겠노라고 단언했다. 황씨 아저씨는 자신감에 찬 B씨를 믿고 싶었다. 남은 2천만 원을 잘 부탁한다고 말하고 나오는 아저씨의 발걸음이 조금은 가벼워졌다.

황씨 아저씨는 그동안 소홀했던 식당 일에 열중하기로 했다. 몇 개월 후, 자신의 투자금이 어떻게 되었는지 궁금했던 아저씨는 HTS를 켜서 계좌 잔고를 보았다. 그런데 2,000만 원은 200만 원이 되어 있었다. 처음엔 동그라미 갯수를 잘못 세었나 했다. 황당한 노릇이었다.

어떻게 단 몇개월 만에 10분의 1이 될 수 있단 말인가. 바로 B씨에게 연락했다. B씨는 이런저런 핑계를 대었다. 여름에 서브프라임모기지 부실이 터져서 어쩔 수 없었다는 얘기다. 하지만 당시 종합주가지수는 2000p를 향해 돌진하고 있었다.

황씨 아저씨는 덜덜 떨리는 손으로 계좌 매매내역을 살펴보았다.

증권사 직원 B씨는 아저씨의 돈 2,000만 원으로 하루에 몇십번씩 매매를 했다. 무슨 사이버머니로 매매 연습을 하듯 무자비하게 매매를 해 댔던 것이다. 아저씨는 기운이 쭉 빠졌다. 반년도 안 되는 시간에 1억이 200만 원이 된 것이다. 그 후로 아저씨는 주식의 '주' 자도 생각하지 않고 식당 일에만 전념했다.

그런데 여러 해가 지난 지금, 황씨 아저씨는 주식스터디 모임에서 자신의 이야기를 하고 있는 것이다. 황씨 아저씨의 긴 이야기를 듣던 이팀장이 무거운 목소리로 입을 떼었다.

"주식투자를 시작하는 분들이 겪는 전형적으로 나쁜 결과가 황씨 아저씨에겐 단기간에 벌어진 거군요. 남들이 알려 준 종목의 위험, 그리고 일임매매의 위험이 바로 그것이죠."

작게 한숨을 쉬는 황씨 아저씨를 바라보며 이팀장이 말을 이어 갔다.

"보통 주식투자를 처음 시작하는 개인투자자의 경우, '카더라통신'을 많이 이용하게 되죠. 주변 사람들의 이야기를 듣고 종목을 선정하는 거예요. '너에게만 알려 주는 거야!' '수익이 크게 날 종목을 알려 줄게.' '이 종목에 숨은 호재가 있어.'와 같은 미확인 정보를 접하고 묻지마 투자를 하는 경우가 많지요."

이팀장이 말을 마치자 안대리도 비슷한 경험이 있다고 했다.

"몇 년 전에 대기업 다니는 친구가 협력업체 사람에게 전해 들은 정보라면서 어떤 회사에 투자해 보라고 했는데요. 결국 그 회사는 상장폐지되고 횡령 같은 나쁜 일들이 연달아 터지더라고요."

"보통 지인들을 통해 들어 오는 정보는 몇 단계를 거쳐서 오는 경우가 많아. 그 과정에서 많은 사람들이 알게 되고, 투자 정보로서의 희소성은 사라지게 되지. 결국 마지막에 정보를 접한 투자자들은 상투를 잡는 결과가 발생해. 황씨 아저씨의 경우가 그런 거야."

이어서 이팀장은 일임매매에 대해 말했다.

"그리고 황씨 아저씨가 두 번째로 경험한 것이 일임매매야. 예전에는 증권사들이 관례처럼 일임매매를 많이 했지만, 그 피해가 이어지다 보니 증권사별로 일임매매에 대해 엄격한 규칙을 두기도 하고 몇몇 증권사는 전면금지하기도 했지. 일임매매를 하더라도, 매매내역을 수시로 확인해야 하는 거야. 우리처럼 주식투자를 공부하는 사람들이라면 아무리 합법적으로 일임을 맡겼더라도 꼼꼼히 체크해야 하겠지?"

오늘은 황씨 아저씨의 실패담을 들으면서 교훈을 얻는 시간을 가졌다. 주식스터디 멤버들은 점심 시간이 짧은 것을 아쉬워했다.

"내일은 주식시장을 제대로 보는 '역발상적 접근'에 대해 공부할 거야. 그리고 황씨 아저씨처럼 너무 바쁘신 분들, 종목 발굴하기 어려운 분들에게 좋은 ETF투자에 대해서도 알려 주도록 할게. 그럼 오늘 스터디는 끝!"

이팀장이 오늘의 수업을 정리하고 내일 수업의 주제를 알려 주었다. 황씨 아저씨는 식사대를 내려는 박주임을 만류했다. 주식스터디가 끝날 때까지 식사 값을 받지 않겠다는 거였다. 식대 몇만 원보다 훨씬 가치 있는 수업을 받는 거라며 고집을 부려서, 멤버들도 어쩔 수가 없었다.

미스쪼와 박주임은 사무실로 올라가면서 황씨 아저씨 이야기를 나누었다. 남의 일 같지가 않았던 것이다. 박주임이 갑자기 미스쪼에게 제안했다.

"미스쪼, 오늘 저녁에 치맥 어때?"

"박주임님이 쏘시면요."

그날 저녁, 여의도의 허름한 치킨집에 박주임과 미스쪼가 들어섰다.

"여기 마늘치킨에 맥주 500cc 둘이요."

미스쪼가 주문을 마치자 박주임이 너스레를 떨었다.

"아웅, 오랜만에 술 마실 생각하니 너무 떨린다잉~"

박주임은 정말 한동안 술을 마시지 않았다. 주식공부에 집중하다 보니 저녁 술 약속 잡기가 어려웠던 것이다.

"박주임님, 이제 저는 감이 오는 것 같아요. 어떻게 투자를 해야 하는지 무엇을 주의해야 하는지, 그리고 목표 수익은 어느 정도로 잡아야 할지 말이에요."

"미스쪼, 그런데 우리 시작점과 목표가 너무 비슷한 거 같아. 자산 제로에서 매달 100만 원씩 투자금을 늘려 가는 투자방법이니 말이야. 우리 누가 먼저 1,000만 원 만드나 내기할까?"

박주임의 제안에 미스쪼가 대답했다. "저야 자신 있죠. 그러면 일단 누가 먼저 맥주 1,000cc 마시나 내기해 볼까요?"

즐겁게 마시는 맥주는 쉽게 취하지 않았다. 두 사람은 점점 더 가까워지고 있다는 느낌이 들었다. 맥주 탓인지, 주식스터디 탓인지……

02 거꾸로 가는 역발상 투자법

주식스터디 12일차

박주임과 미스쪼는 어제 너무 달렸는지, 숙취에 머리가 지끈지끈 했다. 두 사람의 모습을 본 황씨 아저씨는 점심 메뉴로 시원한 홍합 탕을 만들어 오셨다.

"오늘 들어온 홍합이야. 시원하게들 먹고 속 풀어. 나는 조금 있다 들어올게."

황씨 아저씨는 네 사람이 식사를 마칠 즈음에 방으로 들어오셨다.

"어제 둘이서 술 마신 거야? 조금씩들 먹어, 백해무익한 것을……"

황씨 아저씨는 술 냄새에 쩔은 두 사람을 보고 한말씀 하셨다.

"자자, 오늘 주식공부 시작해요. 숙취로 고생하시는 분들 머리 더 아프게, 공부 시작!"

황씨 아저씨 때문에 수업시간이 조금 늦어지자 안대리는 마음이 급했다. 안대리의 마음을 읽었는지 이팀장이 본론부터 치고 나갔다.

"오늘은 투자해야 할 시점인지, 팔아야 할 시점인지를 알 수 있는 '역발상 투자법'에 대해 이야기해 줄게. 황씨 아저씨나 우리들이나 매일 주식시장을 들여다보고 있을 수 없잖아. 지금 상투인지 바닥인지 알기 힘들다는 거야. 그래서 그 시점을 대략적으로 파악할 수 있는 방법이 바로 '역발상 투자법' 이야."

역발상 투자법, 무언가 지금의 상황을 거꾸로 보자는 것 같기는 한데 어떤 의미일까? 네 사람은 이팀장이 어떤 설명을 해 줄지 집중해서 듣기 시작했다.

이팀장의 심화 스터디

역발상 투자 사례

군중심리를 피해 가라

주식시장은 군중심리가 지배한다. 개인투자자뿐만아니라 증권사 직원, 전문투자자라고 하는 펀드매니저, 애널리스트들도 마찬가지다. 군중심리는 누가 강요하는 것도 아니고 누군가 만들어 내는 것도 아니다. 자연스럽게 생겨나는 공감대인 것이다.

1999~2000년 IT붐, 벤처붐 시대로 시계를 거꾸로 돌려 보자.
당시에는 너도 나도 '벤처'였다. 여자들은 결혼 상대로 벤처기업에 다니는 남자를 선호했고, 'OOO텍', 'OOOO넷'이라는 회사 이름이 유행처럼 번져 갔다. 그렇게 만들어진 군중심리가 결국 벤처 광풍, 코스닥 광풍을 일으켰다. 사람들은 있는 돈 없는 돈을 끌어들여 벤처회사에 투자했다. 하지만 2000년 IT붐, 벤처붐이 꺼지면서 화려했던 벤처기업들의 주가는 추풍낙엽처럼 무너졌고, 뒤늦게 뛰어든 투자자들은 크나큰 손실을 겪었다.

2007년 군중심리는 또 다시 증시에 광풍을 불러일으켰다.

그때는 펀드붐이었다. 2003년부터 적립식펀드와 주식형펀드가 높은 수익률을 달성하였고, 중국펀드는 수년 만에 수백 %에 이르는 수익률을 내다 보니, 펀드에 가입하지 않은 사람은 바보 취급을 당했다. 2007년엔 증권사 지점마다 펀드에 가입하려는 사람들의 줄이 꼬리에 꼬리를 물고 증권사 건물을 몇 바퀴나 휘어 감았다고 한다. 그중에는 갓난아기를 업은 엄마와 백발 성성한 분들도 있었다.

당시 '역발상 투자법'에 대해 알고 있었던 전문가들은 이런 풍경을 보면서 시장에 상투가 왔다고 전망했다. 역발상 투자자 입장에서는 이런 투자 광풍은 시장에서 벗어나라는 경고를 의미한다. 우리나라의 투자 격언에 이런 말이 있다.

'증권사 객장에 갓난아기 업은 애엄마가 나타나면 상투 징후다.'

아이를 키워 본 분들은 알겠지만, 갓난아기를 키울 때는 다른 데 신경 쓸 틈이 전혀 없다. 아기 엄마가 아기를 업고 증권사 객장에 나올 정도면, 주식시장이 초과열되었다는 말이다. 반대로 증시가 바닥권을 형성할 때도 군중심리가 작동한다.

최근에 부정적인 군중심리가 만연했던 대표적인, 정말 모두가 공감할 만한 시점은 2008년 글로벌 금융위기가 극단에 치닫던 2008년 10월경이었다. 그 당시 투자자들은 주식시장이 폭락해 종합주가지수가 끝없는 하락을 보일 것이고 경제는 파탄지경에 빠질 것이라는 '공포소설'에 심취해 있었다. 그 당시 "지금은 주식을 사야 할 시점입니다."라고 하면 사람들에게 몰매를 맞는 분위기였다. 주식 전반의 분위기는 침체되었고, 모임에서 '주식' 이야기는 금기어였다. 그런데 대표적 역발상 투자자인 워런버핏은 이렇게 얘기하며 투자자들이 헐값에 던진 주식을 사 들였다. "시장에 체리가 널려 있다. 체리피커가 되어라!"

우리나라에서는 국민연금이 증시를 방어하기 위해, 또 저가 매수를 하기 위해 대량 매수에 나섰다. 하지만 당시 사람들의 반응은 냉담했다.

"국민연금이 총알받이를 하고 있다."

"워런버핏도 한물 갔다."

많은 투자자들이 2007년 고점에 가입했던 펀드를 2008년 가을~2009년 초반에 환매했다. 아이러니컬하게도 펀드를 사기 위해 길게 줄을 섰던 사람들이 이번에는 펀드를 환매하기 위해 증권사 객장에 길게 줄을 섰던 것이다.

그런데 2009년, 시장은 이것 보라는 식으로 급반등을 보이며 상승을 시작했다. 역발상 투자를 하기 위해서는 군중심리를 아는 것이 우선이다. 군중심리를 알려면 어떻게 해야 할까? 가장 좋은 방법은 사람들이 많이 모이는 자리에 가는 것이다.

모임에서 사람들이 하는 이야기에 귀기울여라

동창회나 어떤 모임의 회식 자리, 어떤 사람은 열심히 본인 자랑을 할 것이고 어떤 사람은 옆에서 맞장구를 쳐 준다. 그리고 어떤 이는 다른 사람의 이야기에 고개를 끄덕이고만 있다. 이런 시끌벅적한 모임에서 어느 정도 술 기운이 올랐을 때 '주식'이란 단어를 던져 보자. 그러면 반드시 감정 섞인 한마디 한마디가 나올 것이다.

필자는 동문회나 모임에 참석할 때마다 이런 방법으로 군중심리를 조사한다. 지금 증시가 어느 수준인지 바로 알 수 있기 때문이다. 2008년 늦가을 모임에서 주식 얘기를 꺼냈을 땐 많은 이들이 거부감과 분노를 표현했다. 그해 큰 손해를 보았던 사람도 있었을 것이고, 경제 상황에 대한 불확실성도 너무 컸기 때문일 것이다.

즉 그 당시 군중심리는 '주식투자를 하지 말아야 한다.'였다.
이러한 반응을 보면 '시장이 조만간 바닥을 다질 가능성이 높겠구나.'라고 생각하면 된다. 만일 주식 얘기를 조금 더 하려는데, 누군가가 화를 내면서 주식 얘기는 꺼내지도 말라고 한다면 주식시장이 바닥권이라는 확신을 강하게 가질 수 있다.

반대로 주식이란 주제를 던졌을 때, 모두가 본인이 수익을 낸 것을 영웅담처럼 얘기하고, 모임에 참여한 대다수가 주식 얘기를 이어 간다면 시장은 '상투'에 임박해 있다고 봐야 할 것이다. 모임에서 모든 이들이 주식투자를 찬양한다면, 주식시장은 최소한 고점의 9부 능선까지 와 있다고 보면 된다.
이러한 군중심리를 역이용한다면, 아무리 바쁜 직장인이나 개인사업자라도 주식시장에 들어가야 할 때와 발을 빼야 할 때를 파악할 수 있다.

03 속 편하게 투자하는 ETF

이팀장으로부터 긴급회의가 있어서 평소보다 20분 정도 늦는다는 연락이 왔다. 먼저 식사하고 있으면 회의 끝나는 대로 오겠다는 것이다. 이팀장을 뺀 네 명의 스터디 멤버들은 재미있는 이야기를 나누며 이야기꽃을 피우고 있었다. 그런데 아까부터 황씨 아저씨의 표정이 좋지 않은 걸 눈치챈 박주임이 물어 보았다.

"아저씨, 무슨 고민 있으세요? 설마 또 사고 치신 건 아니죠?"

"어, 그게 말이야. 어제 아는 사람 얘기 듣고 100만 원 정도 작전주에 들어갔는데, 그게 또 거래정지됐어. 난 정말 주식과는 인연이 없나 봐. 샀다 하면 꼭 일이 터지니 말이야."

이때 방문이 열리며 이팀장이 들어왔다. 이팀장은 마라톤회의를 하고 와서인지 조금 지친 기색이었지만, 밝은 표정으로 눈인사를 했다.

"아저씨, 개별 종목에 들어가셔서 또 손실을 보셨다고요?"

이팀장은 문밖에서 들은 이야기를 황씨 아저씨에게 바로 물어 보았다.

"응, 내가 투자한 회사가 무슨 감사보고서를 제출하지 않아서 상장폐지될 수도 있대. 100만 원만 투자했으니 망정이지, 더 들어갔으면 큰일날 뻔했어. 단골 중에 세력주를 연구하고 있다는 박선생이 추천해 줬는데, 역시 아닌가 봐."

황씨 아저씨는 의기소침해져 있었다. 그도 그럴 것이, 몇 년 만에 투자한 것이 또 실패였기 때문이다. 이팀장은 한참을 생각하더니 입을 뗐다. "아저씨는 이제부터 개별 주식엔 투자하지 마시고요, ETF에 투자하시는 게 좋겠어요."

"응? ETF? 그건 어떤 주식인데?"

"거래소에 상장된 펀드라고 이해하시면 돼요. ETF(Exchange Traded Funds)는 상장지수펀드예요. 그냥 주식처럼 거래하시면 되고요."

펀드는 은행이나 증권사 창구에서 가입하고 환매하는 것으로만 알았는데, 상장된 펀드라니 황씨 아저씨는 물론 스터디 멤버들에게도 생소한 개념이었다. 이팀장이 스터디 멤버들을 위해 설명을 시작했다.

ETF란 무엇일까?

"ETF(상장지수펀드)란 주가지수와 연동되는 지수연동형펀드(Index Fund)를 거래소에 상장해 주식처럼 거래할 수 있는 펀드를 말해. 연동하는 지수를 무엇으로 하느냐에 따라 다양한 ETF가 만들어지게 되지. 현재 KOSPI200 지수, 국고채지수, 상품지수, 특정업종지수 등을 기준으로 한 다양한 ETF

가 거래되고 있어."

"ETF란 얘기는 많이 들어 봤는데, 정확하게 뭔지는 잘 모르겠어요."

주식투자를 좀 해 봤다는 안대리가 질문했다.

"2002년 KOSPI200지수를 추종하는 ETF가 상장된 것이 우리나라 ETF 역사의 시작이야. KODEX200과 KOSEF200이라는 상품이 원조야. ETF는 수수료가 저렴하고 거래소에 상장되어 거래되기 때문에 주식과 똑같이 매매할 수 있다는 장점이 있지."

"아까 주가지수가 아닌 국고채지수, 상품지수 등에 연동된 ETF도 있다고 하셨는데, 무슨 의미인지 잘 모르겠어요."

안대리의 질문이 이어졌다.

"조선, 자동차, 은행, 증권 등 업종별 펀드는 물론이고 중국지수, 일본지수, 브라질지수 등 국가별로 특화된 펀드가 있고 금, 은, 동 등 상품에 특화된 펀드도 있어. 주가가 아닌 채권지수 펀드도 있지. 재미있는 것 하나 알려줄까? 2009년부터는 시장이 하락할 때 수익을 볼 수 있는 인버스 ETF도 나왔고, 시장의 일간등락률에 2배의 상승률을 추종하는 레버리지 ETF도 등장했지. 입맛 따라 다양하게 투자할 수 있게 된 거야."

"우와, 정말 다양하네요. 내가 잘 알고 있는 업종이나 상품의 ETF를 선택하면 되겠네요. 아니면 안전하게 국고채를 추종하는 ETF에 투자하거나."

미스쪼가 맞장구를 쳐 주었다.

"그렇지. 그러면 우리가 이제까지 배운 전략에 ETF를 어떻게 접목시킬 수 있을까?"

황씨 아저씨가 문밖에서 들었던 기억을 되살리며 대답했다.

"주식혼합전략(자산배분전략)을 쓸 때 주식자산을 ETF로 하면 되지 않을까?"

"맞아요, 아저씨! 문밖에서도 아주 잘 들으셨네요. 앞서 '50 vs 50 전략'과 '연령별 주식혼합전략'을 공부할 때, 주식자산에 종합주가지수를 적용했잖아요. 실제로도 주식자산에 KOSPI200이나 KRX100지수를 추종하는 ETF를 편입하면 효과적으로 운영할 수 있는 거죠."

이팀장의 설명을 묵묵히 듣고 있던 박주임이 손을 번쩍 들고 장난스럽게 질문했다.

"이팀장님, 주식혼합전략을 쓸 때 KOSPI200 지수나 KRX100 지수를 추종하는 ETF를 편입할 수 있다고 하셨는데요. 종합주가지수, KOSPI200, KRX100 중에서 어떤 게 가장 좋나요? 하나만 콕 집어 주세요, 플리즈~~"

이팀장은 박주임의 질문에 노트북을 열고 그래프 하나를 보여 주었다. 전

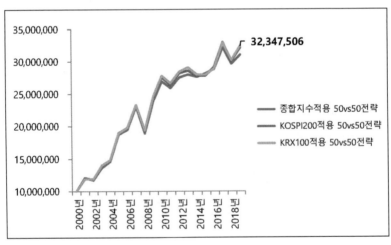

자료3-2 '50 vs 50 주식혼합전략'에 KOSPI200 지수와 KRX100 지수를 적용한 결과

제는 1,000만 원의 종잣돈으로 '50 vs 50 전략'을 구사한 결과다. 그래프는 주식자산에 각각 종합주가지수, KOSPI200, KRX100 지수를 적용한 결과를 보여 주고 있었다.

"주식자산에 종합주가지수를 적용하였을 경우 2000년 종잣돈 1,000만원이 2019년 3,102만 원으로 불어난 걸 볼 수 있지? 자산이 3.1배 증가해서 연복리 6.14%를 달성한 셈이야. KOSPI200지수를 적용하면 자산은 3.21배 증가, 연복리 6.33%가 되지. 마지막으로 KRX100지수를 적용하면 종잣돈은 3,234만 원으로 불어나 연복리 6.37%의 수익률을 보이게 돼."

이 팀장의 설명을 듣던 황씨 아저씨는 어느새 기분이 좋아져 있었다.

"나처럼 가게 일이 바쁜 사람은 ETF를 활용하는 게 좋겠구만. 꾸준히 6.3% 수준의 복리 수익률을 낼 수 있다는 얘기잖아."

자신에게 꼭맞는 ETF 종목 찾기

ETF 세계에 궁금증이 커진 박주임의 질문이 이어졌다.

"이팀장님이 아까 ETF가 엄청나게 다양하다고 하셨잖아요. 자신에게 맞는 ETF 종목을 어떻게 찾아야 하나요?"

"ETF 종목도 HTS에서 찾아 보면 되는데, 아마 ETF 종목들이 너무 많아 놀라게 될 거야. 100개가 훨씬 넘어갈 정도로 많은 ETF가 상장되어 있지. 초보자라면 그중에서 특정 인덱스를 추종하는 ETF를 찾는 게 좀 어려울 거야. 내가 간단하게 정리해 둔 걸 보여 줄게."

이팀장은 HTS 화면을 열어 KOSPI200과 KRX100지수 추종 ETF를 따로 정리한 리스트를 보여 주었다.

KOSPI200지수 추종 ETF : KODEX200, KOSEF200, TIGER200, KINDEX200, TREX200, KBSTAR200, 파워200

KRX100지수 추종 ETF : KOSEF KRX100

KRX300지수 추종 ETF : KBSTAR KBRX300, KODEX KRX300, TIGER KRX300

"같은 KOSPI200지수 추종형이어도 다양한 ETF가 있네요? 그런데 KODEX, KOSEF, TIGER 같은 이름은 왜 붙이는 거죠?"

안대리는 다양한 ETF 이름이 궁금했다.

"ETF 이름 앞에 붙어 있는 명칭은 운용사의 이름이라고 보면 돼. KODEX 는 삼성자산운용, TIGER는 미래에셋자산운용, KOSEF는 키움자산운용, KINDEX는 한국투자신탁운용, TREX는 유리자산운용, KBSTAR는 KB자 산운용이 운용한다는 의미야."

아까부터 무언가 부산스럽게 계산을 하던 미스쪼가 질문을 했다.

"아까 '50 vs 50 전략'의 주식자산에 KRX100지수를 사용하면 종합주가지 수를 사용할 때보다 연복리 수익률이 0.23%p 정도 증가했잖아요. 제가 이 걸 '연령별 주식혼합전략'에 적용해 보았어요. 그랬더니 종합주가지수를 사 용했을 때는 연복리 6.94%가 되고, KRX지수를 사용했을 때는 7.24%로 연 평균 수익률이 더 올라가더라고요."

미스쪼의 얘기에 이팀장의 입이 벌어졌다. 미스쪼는 거침이 없었다.

"이팀장님, 종합주가지수로만 꾸려가는 주식혼합전략이라 해도 수익률을 1% 정도는 더 높일 방법이 있지 않을까요? 무언가 있는 거 맞죠? 그 방법을 알려 주셔야죠."

이팀장은 미스쪼의 당돌한 말투에서 그녀가 계산이 빠른 사람이란 것을 다시 한 번 느꼈다. 대학을 막 졸업하고 입사한 신입사원이라고는 믿어지지 않았다. 어쩌면 결혼자금을 자기 스스로 마련하는 가풍 때문이 아닐까? 아무튼 앞으로 미스쪼와 결혼할 사람은 돈 걱정은 안 해도 되겠다는 느낌을 받았다.

미스쪼의 말이 전적으로 맞다. 주가지수로만 수익률을 계산할 때는 중요한 무엇이 빠져 있다. '+α'가 가능한 것이다. 그리고 이 '+ α'는 장기적으로 수익률을 한 단계 업그레이드할 수 있는 결정적인 포인트가 될 것이다.

그렇다면 이 '+α'는 무엇일까? 바로 모두가 간과하는 배당금이다.

04 플러스 알파, 배당금의 힘!

사전에서 '배당금'을 찾아 보자. 회사가 이익을 발생시켜 누적해 온 이익잉여금을 소유주들에게 분배하는 것이라고 나올 것이다. 즉 회사의 수익을 주주들에게 나눠주는 것이라 할 수 있다.

"이팀장님, 예전에 투자할 때 배당금을 받아 본 적이 있는데 완전 푼돈이던데요."

안대리가 의아한 듯 물었다.

"그렇지. 한국 기업들의 배당수익률은 낮은 편이야. 그리고 투자 금이 작으면 배당금도 몇만 원밖에 안 될 거야. 하지만 은행이자의 몇 배가 되는 배당금을 받는 경우도 종종 있어."

이팀장은 배당의 장점을 설명한 뒤, 몇 가지 배당에 관한 용어를 설명해 주겠다고 했다.

"배당을 이해하려면 몇 가지 용어를 알아 두어야 해. 배당률, 배당수익률, 배당성향이 그거야. 주식투자를 처음하는 투자자들이 어려워하는 개념 중 하나지. 노트북에 내가 정리해 온 게 있으니까 같이 보자고."

배당률 액면가 대비한 배당금의 비율
배당수익률 시가 대비한 배당금의 수익률
배당성향 당기순이익에서 현금배당을 하는 비율

안대리가 개념 설명을 보더니 깜짝 놀란다.

"아, 배당률 하고 배당수익률이 다른 거네요. 저는 배당률 100%라고 하면 주가만큼 배당금이 나오는 줄 알았거든요. 세상에, 중요한 건 배당률이 아니라 배당수익률이네요."

"안대리 말이 맞아. 배당 관련해서는 배당수익률이 가장 중요해. 그런데

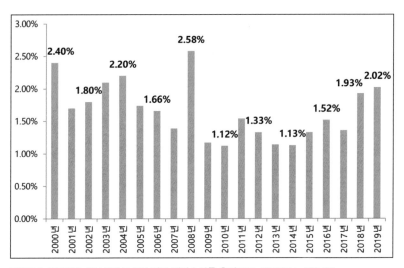

자료3-3 2000년~2019년 코스피 평균 배당수익률 추이(자료: 한국거래소, 단위 %)

전체 배당수익률이 1~2% 수준이다 보니, 투자자들 입장에서는 성에 차지 않을 수 있어. 2000년부터 2019년까지 우리나라 코스피 종목들의 평균 배당수익률을 한번 볼까?"

"막대 그래프를 보면 매년 코스피 종목들의 평균 배당수익률이 1~2% 수준인 걸 알 수 있어. 하지만 이 작은 1~2%가 우리의 포트폴리오 전체 수익률을 1%p 정도 높인다면 어마어마한 효과인 거지."

"1%라면 정말 얼마 안 될 텐데, 왜 어마어마한 효과가 있다고 하는 거지?" 황씨 아저씨가 궁금함을 참지 못하고 바로 질문하셨다.

"네, 아저씨 우리가 익히 알고 있는 종합주가지수, KOSP200지수, KRX100지수 등엔 배당수익률이 빠져 있어요. 배당 권리가 확정되는 회계년도 말이 되면, 예상 배당금액만큼 주가가 빠지게 되죠. 예를 들어 볼게요. 12월 결산법인의 경우, 12월 말일 기준으로 주식을 보유한 사람에 한해 배당해 주기 때문에, 12월 말일 즈음에 '배당락'이라고 예상 배당금만큼 주가가 빠지는 현상이 발생하는 거죠. 배당락이 발생할 때마다 모든 기업의 주가가 빠진다는 것은, 주가지수에서 '배당금' 만큼의 수익률이 빠져 있다는 것과 같은 의미죠."

"오, 그렇구만. 나는 주가지수에 배당금액도 모두 반영되어서 나타난 수익률인 줄로만 알았지. 그런데 배당을 많이 주는 주식들도 있는데, 그런 종목들은 어떤 특징이 있는 건가?"

황씨 아저씨는 궁금한 게 많았다. 그도 그럴 것이, 황씨 아저씨처럼 정신 없이 하루를 보내는 투자자에겐 배당투자가 배당수익과 시세차익을 거둘 수 있는 '일석이조'의 효과가 있다고 들어 왔기 때문이다.

"배당을 많이 주는 기업의 주식을 보통 '배당주'라고 부르죠. 일반적으로 사업이 안정적인 기업들이에요. 제가 정리해 놓은 리스트를 한번 보시죠."

통신사 : KT, SK텔레콤, LG유플러스 등

도시가스 : 대성에너지, 인천도시가스, 부산가스, 경동도시가스, 서울가스 등

담배/카지노 : KT&G, 강원랜드 등

금융주 : KB금융, 신한지주, 하나금융지주, 기업은행 등 : KT, SK

부동산 관련 : 맥쿼리인프라, 이리츠코크렙, 신한알파리츠, 롯데리츠 등

이팀장은 배당주 리스트를 보여 주며 말했다.

"이런 종목들은 꾸준히 이익이 나고, 배당도 꾸준히 이어가는 경향이 있죠. 하지만 종목들이 급등하는 경우도 있기 때문에, 작년 배당금과 비교해 올해 예상되는 배당수익률을 계산하는 노력을 해야 돼요. 보통은 큰일이 없는 한 안정적인 배당수익률을 계산할 수 있지요. 그런데 단!"

이팀장은 '단!'이라고 조건을 달며 한 템포 설명을 쉬었다. 모두들 이팀장의 입을 주시했다.

"단! 배당을 많이 주고 배당수익률이 높은 배당주들의 경우, 주가 변동성이 낮은 경향이 있어요. 주가가 오르내리지 않으니 시세차익이 발생하기 어렵다는 점을 꼭 기억하셔야 합니다. 황씨 아저씨! 예를 들어 KT같은 경우, 매년 4~5% 이상의 배당수익률을 기대할 수 있는 종목이지만 10년 넘게 주가가 4만 원에서 등락만 거듭하고 있어요."

"안정적인 배당주에 투자할 때는 시세차익 기대를 낮추라는 얘기구만. 오

케이! 이팀장, 고마워."

황씨 아저씨는 원하던 답을 얻어서인지 기분이 좋아져 박수까지 쳤다.

그런데 이번엔 박주임이 뭔가 계산해 보더니 말문을 연다.

"제가 지금 스마트폰으로 찾아 보니, 배당금에는 배당소득세와 주민세가 붙네요. 얼마 전까지만 해도 무려 15.4%가 원천징수되었네요. 은행 이자에서 세금 떼는 거와 똑같아요. 그러면 배당수익률에서……"

박주임은 갑자기 계산이 막히는 눈치다. 영업 뛰느라 술만 마시더니 머리가 굳었는지 암산이 안 되는 것이었다. 미스쪼가 박주임의 말을 가로챘다.

"박주임님, 이젠 암산도 안 되세요? 2019년 코스피의 평균 배당수익률이 2.02%이니, 세금을 뺀 배당수익률은 대략 1.7% 수준이 되겠지요. 그리고 앞에서 공부할 때 KRX지수를 활용한 '50 vs 50전략'으로는 연평균 6.37%, '연령별 주식 혼합전략'으로는 7.24%의 연평균 수익률을 냈으니까, 여기에 배당수익률을 더하면 대략 8% 수준이 되는 거다, 이거 얘기하려 한 거죠?"

역시 미스쪼였다. 주식혼합전략의 주식자산을 KRX100으로 운용하였을 때, 약 8%라는 연평균 수익률을 거둘 수 있다는 것을 간파한 것이다. 타박을 받는 박주임도, 눈을 반짝이며 미스쪼의 설명을 듣고 있던 안대리도 기분이 좋아졌다. 가장 기본적인 전략으로도 연 8%까지 수익률을 높일 수 있기 때문이다.

만약 주식자산으로 공격적인 투자를 할 경우 연평균 10%대의, 아니 그 이상의 수익률도 가능하고, 운 좋게 급등주나 테마주에 투자한다면 더 큰 한방을 노릴 수 있다는 생각에 모두들 얼굴이 상기되었다.

이때, 갑자기 노크 소리가 나더니 방문이 드르륵 열렸다.

"여기가 '연봉맥스' 직원들이 노가리하고 있는 그 유명한 주식스터디입니까?"

걸쭉한 입담과 함께 흥부차장이 들어왔다.

"어? 흥부차장님. 여긴 어떻게?"

박주임이 어리둥절해 물어 보았다.

"흥부차장님, 드디어 오셨군요. 이제 제대로 주식스터디 한번 해 보시죠."

이팀장이 흥부차장을 환영했다.

"어? 이팀장님이 흥부차장님도 초대한 거예요?"

미스쪼가 의아한듯 물었다.

"응, 미스쪼가 안대리를 초대했고, 박주임이 황씨 아저씨를 초대했으니, 나도 흥부차장님을 주식스터디에 초대했어. 사실 아까 흥부차장님과 회의 끝나고 옥상에서 20분 정도 주식투자 얘기하다 좀 늦었던 거야."

박주임은 같은 부서 흥부차장이 내심 반가웠다. 하지만 미스쪼는 자신의 이름 '조은송'을 '미스쪼'로 만들어 버린 두 원흉 중 한 명과 같이 한다는 게 영 맘에 들지 않았다.

"흥부차장님, 요즘도 계속 주식으로 돈 날리고 계신가 봐요?"

미스쪼가 쏘아붙였다.

영업통인 흥부차장은 미스쪼가 주식스터디의 핵심권력이라는 것을 바로 눈치챘다.

"미스쪼, 아니 은송씨~ 나를 주식스터디에 받아 줘. 내가 은송씨가 시키는 거 뭐든지 다 할게."

"뭐든지요? 음, 후회하실 텐데. 그럼 지금 이 자리에서 '귀요미' 한번 해 보세요."

맨정신에 귀요미를 하라고? 흥부차장은 신고식이라고 생각하고 쑥스러움을 참고 귀요미 송을 부르기 시작한다.

"일 더하기 일은 귀요미~, 이 더하기 이도 귀요미~"

흥부차장의 징그러운 율동에 질렸는지 미스쪼가 말했다.

"으윽, 그만요. 흥부차장님, 내일부터 우리 주식스터디에 들어오세요. 너무 느끼해서 더 이상 못 봐 주겠어요."

미스쪼의 호탕한 허락과 함께 오늘 수업이 끝났다. 내일 14일차 교육에는 미스쪼, 박주임, 안대리, 황씨 아저씨, 흥부차장 그리고 이팀장, 6명이 함께 공부하게 되었다. 늘어나는 스터디 멤버만큼, 사연도 늘어나고 있었다.

Summary
03

- 개인투자자에게 들어오는 은밀한 정보는 모든 이들이 다 알고 있다고 생각해야 한다.

- 증권사 일임매매를 맡겼더라도, 투자에 대한 책임은 본인에게 있다. 자신도 모르는 사이에 무리한 매매로 큰 손실을 볼 수 있으므로 신경을 써야 한다.

- 아기 업은 엄마가 객장에 나타나면 주식시장은 상투다.

- 증권사 지점에 계좌를 만드는 사람이 줄을 서면 대폭락장이 임박한 것이다.

- 주식투자라는 말에 모두가 '닥쳐'라고 할 때가 일생일대의 기회다.

- 모임, 회식에서 주식 이야기가 넘쳐 날 때가 상투, 아무도 주식 이야기를 꺼내지 않을 때가 바닥이다.

- 군중심리를 역이용하면 직장인, 개인사업자처럼 바쁜 사람도 시장을 파악할 수 있다.

- 개별 주식에 대해 모르겠다면 ETF 투자로 마음 편하게 투자하라.

- ETF를 활용하면 주식혼합전략을 효과적으로 운용할 수 있다.

- KOSPI200 지수보다 KRX100 지수를 기준으로 한 ETF가 더 좋은 성과를 보인다.

- 매년 1% 수익률을 더 올려 주는 배당금을 무시하지 마라.

- 경기방어주 성격의 종목들이 배당을 많이 한다.

흥부차장의 잘못된 투자습관 고치기

| 꼭 피해야 할 정보와 종목 판별법 |

황씨 아저씨네 식당에서 주식스터디 룸으로 사용하는 방이 이제는 조금 좁은 듯 느껴졌다. 6명의 멤버가 모이니 제법 수업 분위기가 났다. 이팀장은 수업을 시작하기 전에 오늘 처음 참석한 흥부차장을 보며 운을 뗐다.

"흥부차장님이 회사에서 몰래 주식하다가 놀부전무님께 호되게 혼나는 거, 다들 봤을 거야. 그런데 흥부차장님껜 놀부전무님보다 더 무서운 게 있어. 바로 주식투자야."

"그러고 보니 예전에 흥부차장님 투자하신 종목이 상장폐지되었을 때, 회식 자리에서 술 많이 드셔서 완전 인사불성되어서 난리 피셨다는 전설을 놀부전무님께 들은 적이 있어요."

박주임이 놀리듯 얘기했다.

"박주임, 여성 멤버들 앞에서 내 치부를 드러내다니 말이야."

민망해 하는 흥부차장에게 이팀장이 말했다.

"흥부차장님의 투자 실패담이면 책 한 권도 엮을 수 있잖아요. 매년 다양한 실패담이 있으실 텐데, 우리 초보 투자자들에게 그 경험담을 이야기해 주시죠."

이팀장의 말대로 흥부차장은 주식투자로 큰 손실을 겪어 왔다. 그 과정에서 나쁜 투자 습관도 굳어지고, 매년 꾸역꾸역 손실이 늘어나는 악순환이 반복되었던 것이다. 그러다 보니 동료 직원들에게 까칠하게 대하기도 하고, 회식 자리에서는 폭음을 하기도 했다.

"내 실패담들은 아마 여러분도 겪을 수 있는 일일 거야. 쑥스럽지만 여러분에게 교훈을 주고, 내 자신의 잘못을 반성하는 차원에서 몇 가지 이야기를 해 볼게."

홍부차장은 예전 기억을 떠올리니 저절로 한숨이 나왔다. 그만큼 가슴에 맺힌 것이 많았던 것이다. 그런데 슬픈 사실은 홍부차장의 이야기가 한 개인에 국한된 것이 아니라는 것이다. 대부분의 개인투자자들이 이런 일들을 겪고 있는 것이다.

홍 부 차 장 의 잘 못 된 투 자 습 관 고 치 기

01 정보로 흥한 자, 역정보로 망한다

이팀장과 홍부차장은 회사가 벤처기업일 때부터 같이 일해 온 회사의 터줏대감이다.

연배가 꽤 있는 홍부차장은 '연봉맥스'가 설립될 즈음인 90년대 중반부터 회사에 몸담고 있었다. 20년이 넘는 직장생활에도 불구하고 아직도 '차장' 직함을 못 뗀 이유 역시 주식투자에만 신경을 쓰느라 회사 일을 등한시했기 때문이다.

은밀하게, 혹은 잔인하게

흥부차장의 주식투자 스토리는 1998년으로 거슬러 올라간다.

1998년 1월 어느 날, 30대 초반이던 흥부차장은 우연히 주식투자를 하던 친구로부터 '냉각캔'에 관한 이야기를 듣게 된다.

"너 혹시 냉각캔이라고 들어 봤나? 그게 캔음료를 따기만 하면 음료수가 시원해지는 뭐 대단한 기술이라는데, 그 회사 주가가 앞으로 몇 배는 더 올라갈 거래. 어떤 회산지 알려 줄까?"

흥부차장은 경제지에서 냉각캔을 다룬 기사를 본 것이 언뜻 생각나서 급 관심을 표했다.

"그렇게 좋은 정보가 있으면 혼자 먹지 말고, 같이 먹어야 의리지. 안 그래, 친구? IMF시대를 맞이하야 어려운 경제사정이나, 술값은 내가 낼게. 얼른 그 회사 이름을 말해 보게."

"'미래와 사람'이라는 회사야. 너만 알고, 절대 다른 사람들에게 알리면 안 된다. 알겠지?"

은밀할수록 매력이 커지는 법! 흥부차장은 바로 다음날 증권사에 가서 계좌를 개설하고, 박봉을 쪼개서 만든 비상금 50만 원으로 '미래와 사람' 주식을 매수했다. 매수가격은 5천 원, 당시 그 회사의 주가는 매일 상한가 아니면 하한가로 급등락을 보이던 상황이었다.

그리고 한동안 흥부차장은 회사 일에 치여서 주식이 어떻게 되는지 보지도 못하고 지냈다. 당시만 해도 흥부차장은 회사에서 숙식을 해결할 정도로 열심히 일하는 모범사원이었다.

주식을 매수하고 한달이 지났을까. 홍부차장은 우연히 '미래와 사람'의 주가를 보게 되었다.

"얼라리오? 주가가 3만 원이 되었네. 50만 원이 300만 원? 그러니까 6배?"

증권사 객장으로 뛰어가 계좌를 조회해 본 홍부차장은 이게 꿈이 아니고 실제상황이라는 사실을 확인했다. 홍부차장은 재빨리 매도해 6배라는 수익을 확보했다.

"나의 인생에도 꽃이 피는구나! 와, 몇 달치 월급이 한번에 생기다니 역시 정보가 있어야 돈을 버는구만! 친구에게 술 한잔 쏴야겠다."

그날 저녁 냉각캔 정보를 준 친구를 만나 거하게 술을 샀다. 당시는 IMF 위기 이후 나라가 어수선한 상황이어서, 회사에서 월급이 나오지 않는 경우도 왕왕 있었다. 그런데 300만 원이라는 거금이 생기니 든든한 빽이 생긴

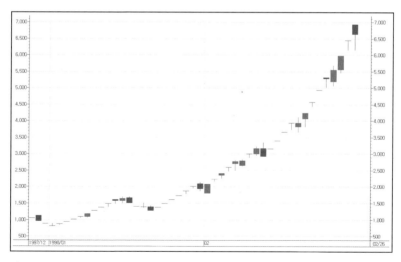

자료4-1 1998년 1~2월 '미래와사람' 주가는 8배 폭등했다.

163

것 같았다.

"친구야, 정보 들어오면 종종 나한테 알려 줘야 한다? 알았지?"
홍부차장은 이때부터 정보매매에 맛을 들이기 시작했다. 정보를 알 만한 사람들도 만나고, PC통신을 통해서 투자정보를 찾기도 했다. 그런데 웬일인지 처음 한두 번은 수익이 났지만, 대부분은 손실로 끝나는 경우가 많았다.

그렇게 주식을 시작한 지 십여 년이 지난 어느날, 친구에게 연락이 왔다.
"홍부, 나의 냉각캔 정보 기억하지? 내 정보는 정말 신뢰할 만하잖아?"
"당연하지, 친구! 뭐 좋은 투자정보가 있나 보구나? 빨리 알려 주시게."
"얼마 전 일본 대지진 때문에 방사능 오염이 큰 문제가 된 거 알고 있지? OOO라는 기업이 있는데, 방사능 물질을 배출시키는 건강 물질을 만드는 회사래. 요즘 조금 오르긴 했는데, 그쪽 주가를 디자인(작전)하는 사람 이야기가 10배는 더 올라간다고 하니까, 빨리 사."

홍부차장은 2011년 3월 후쿠시마 원전 사태를 떠올리며 OOO기업의 주가를 살펴보았다. 그런데 주가가 이미 충분히 오른 것 같다고 판단한 홍부차장은 당장 친구에게 전화를 걸었다.
"친구, OOO기업은 올해만 3배 넘게 올랐는데 이거 상투 아니야? 지금 들어가도 되는 거야?"
"걱정마, 홍부! 제비가 가져다 준 보물 박씨처럼 수익률 대박 날 거니까. 그럼 수고~"

흥부차장은 예전에 큰 수익을 안겨 주었던 친구를 믿어 보기로 했다. 친구는 종종 작전에도 참여하는 전문가 아닌가.

"그래, 믿어야지! 설마 친구가 배반하겠어?"

흥부차장은 와이프를 설득해 집 살 돈으로 OOO기업의 주식을 6,000원에 5천만 원어치 매수했다. 그런데 매수한 순간부터 주가가 이상했다. 4거래일 연속 상한가를 보이던 주가가 흔들리더니, 거래량이 수천만 주나 터지는 거였다. 흥부차장은 바로 친구에게 전화했다.

"야, 이거 이상한 거 아니야? 불길한데?"

"걱정하지 마, 지금 눌림목 구간이야. 너 설마 주식한다는 놈이 눌림목 모르는 건 아니지? 우리쪽에서도 작업 들어갔어. 물량을 확보해야 해서, 슬슬 매도하면서 주가를 눌러 주는 거야. 그래야 개미들이 물량을 털거든. 그나저나 너 얼마 들어갔어? 우리쪽에서도 알아야 도와 주기 편하거든."

사실 주식한 지 십수 년이지만, 흥부차장은 눌림목이라는 단어를 처음 들었다. 생소한 단어에 조금 어리둥절했지만 남자가 체면이 있지, 모른다고 할 수 없었다. 그리고 눌림목이 뭔지는 친구의 말에 다 녹아 있었다.

"아, 눌림목~ 세력들이 개미들 물량 뺏을 때, 주가 눌러 주는 거잖아. 아, 그 과정이야? 오케이 나는 내 집 마련 자금 중 5000만 원어치 확보했으니까, 그냥 지켜볼게."

친구와 통화를 마친 흥부차장은 하루종일 OOO기업의 주가 차트만 쳐다보았다. 주가는 하루 종일 급등락하더니 거래량이 사상 최고치까지 터지고 말았다. 불안불안했지만 흥부차장은 며칠 더 기다리기로 했다. 하지만 다음날 OOO기업의 주가는 하한가로 푹 꺼지더니, 다음날도 하락, 결국 보름 만에 수익률이 −50%가 되었다. 그야말로 '어어' 하는 사이에 주가가 쭉 빠진 것이다. 홍부차장은 화가 나서 친구에게 전화했다.

"야! 주가가 몇 배 간다더니 반토막났다. 이거 어떻게 해야 해? 5,000만 원이 2,500만 원 됐다니까!"

"우리도 지금 죽겠어. 조금 기다려 봐. 오늘은 주가 반등 나오지? 이제 다시 시작이니까 너 물량 꼭 붙들어 매야 해! 홀딩! 홀딩!"

홍부차장은 친구의 말을 믿고 반등이 나온 날도 팔지 않고 그대로 들고 갔다. 하지만 주가는 계속 하락하더니 2,000원까지 내려가고 말았다. 단 한 달 만에 벌어진 상황이었다.

홍부차장의 5,000만 원은 1,600만 원으로 줄어들었고, 줄어든 평가금액 만큼 애간장도 녹아났다. 그리고 '홀딩하라'는 말을 마지막으로 친구와는 연

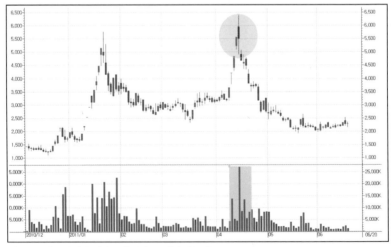

자료4-2 홍부차장이 역정보에 당한 모 기업의 주가

락이 되지 않았다. 며칠 뒤에는 없는 전화번호라고 나오기까지 했다. 결국 흥부차장은 2,000원 초반에서 눈물을 머금고 전량매도했다.

흥부차장은 자신에게 어떤 일이 일어났는지 감이 오지 않았다. 본인이 당한 거라고 인정하기에는 너무도 자존심이 상했던 것이다.

하지만 현실은 냉정했다. 와이프가 내 집 마련하겠다고 모아 온 5,000만 원이 1,800만 원으로 줄어든 것이다. 집을 살 계획은 무산되었다. 며칠 뒤 흥부차장은 와이프에게 모든 사실을 털어 놓았다. 흥부차장의 아내는 화를 내지 않는 성격이다. 하지만 말 없는 사람이 더 무서운 법! 흥부차장의 주식 계좌에 남은 1,800만 원을 냉정하게 회수해 가 버렸다. 그리고 그날 부로, 흥부차장 집의 경제권은 아내에게 넘어갔다.

작전세력의 설거지에 당하지 않으려면

흥부차장은 자신의 긴 이야기를 끝내며 이팀장에게 말했다.

"이팀장, 내가 그 당시 무슨 귀신에 홀렸던 건 아닌가 싶어. 주가가 그렇게 폭등할 때 들어가고, 하락하는데도 손을 못 썼으니 말이야."

"흥부차장님은 전형적인 작전세력의 역정보에 당했다고 보시면 됩니다."

작전세력의 역정보에 당했다. 흥부차장은 이팀장의 말을 인정할 수 없는 듯 보였다. 그리고 나머지 멤버들은 그렇게 쉽게 역정보에 당한 흥부차장의 얘기가 이해되지 않았다.

"흥부차장님의 상황은 개인투자자들이 작전세력의 역정보에 당하는 대표적인 케이스야. 아마 흥부차장님의 친구분은 작전세력의 끄나풀이거나, 그분 자신도 피해자일 거야. 세력들은 이런 작전을 설거지라고 표현하지. 내가 이런 데 당하지 않도록 포인트를 짚어 줄 테니, 잘 기억해 둬야 해."

역정보를 이용한 작전 프로세스

1. 작전세력은 개인투자자에게 여러 번 정보를 제공해 투자수익을 안겨 준다.

2. 신뢰가 쌓이게 되면, 본인들의 작전을 설거지해 줄 개인투자자를 물색한다.

3. 작전으로 주가를 크게 띄운 상황에서 본인의 물량을 매도할 시점에 정보를 흘린다.

4. 정보매매로 재미를 본 개인투자자들은 받은 정보로 그 주식을 대량매수한다.

5. 동시에 주가는 장중에 크게 흔들리면서 사상최대 또는 초대형 거래량이 터진다.

6. 이는 작전세력이 역정보를 받은 개인들에게 터트린 매도물량인 것이다.

7. 아직은 본인들 물량을 모두 매도한 상태가 아니기에, 개인투자자들이 팔지 않도록 한다.

8. "팔지 마라. 곧 반등한다. 이제 시작이다."는 식으로 개인투자자들을 달랜다.

9. 본인들의 물량이 충분히 팔리면 시시히 연락을 끊거나, 본인도 피해자라고 한다.

"이팀장님, 이거 사기 도박판하고 똑같네요. 도박꾼들이 호구를 끌어들여서 처음에 몇 번은 재미 들이라고 수익을 내 주고, 점점 판돈을 키워서 호구를 완전히 거덜낸다고 하잖아요?"

박주임이 신기한 듯이 말했다.

"박주임 말이 딱 맞아. 사기 도박과 메커니즘이 비슷하지. 순진한 사람에게 몇 번 재미 보게 하고, 그 후에 큰 판돈을 가져오게 하는 거지. 아마 흥부 차장님의 친구도 주변의 많은 사람에게 투자정보를 제공하고 수익을 안겨 주었을 거야. 그리고 한 번에 터트린 거지."

"그러면 역정보는 나처럼 직접 당하는 경우만 있는 건가?"

흥부차장은 무언가 생각나는 게 있는지, 중요한 질문을 했다.

"흥부차장님의 지금 질문은 아주 중요합니다. 역정보가 개미들에게 직접 전달되는 경우도 있지만, 여러 단계를 거쳐서 전달되는 경우도 왕왕 있어요. 소위 이야기하는 '카더라통신'이죠. 어떤 세력이 어떤 종목을 작전한다 카더라. 어떤 종목이 매각된다 카더라. 어떤 종목이 악재에서 벗어난다 카더라. 이런 미확인 정보들이 대표적인 경웁니다."

이팀장의 **심화 스터디**

카더라 통신의 실체

'카더라통신'은 "너만 알아야 해."라는 비밀스럽고 은밀한 단서가 붙으면서 폭발적으로 퍼져 나가다는 특징이 있다. 그런데 일단 소문이 퍼지기 시작하면 그 확산 속도는 놀라울 정도다. 옛 속담에도 '발 없는 말이 천리를 간다.'고 했다.

예를 들어 1명이 5명에게 정보를 전달한다고 해 보자. 첫째 날 5명이 알게 되고, 다음날 25명, 그 다음날 125명, 또 하루 지나면 625명, 또 하루 지나면 3,125명이 된다. 이런 속도로 확산되면 11~12일이 지나면 대한민국 전국민이 알게 된다는 것이다
요즘엔 유튜브, 페이스북, 카톡, 인스타그램 등의 SNS 및 메신저 그리고 모바일앱, 카페, 블로그 등이 활성화되어 있어서 단 하루 만에 수십만, 수백만 명에게 역정보가 퍼질 수 있다. 하루짜리 단기매매용 역정보가 퍼지는 경우도 많다.

문제는 이런 '카더라통신'에 의한 역정보의 실체를 파악하는 것이 거의 불가능하다는 것이다. 결국 역정보를 이용해 한두 번 재미를 봤더라도, 언젠가 그것에 의해 크게 손해를 입을 수도 있다는 것이다.
그래서일까, 증권가에는 이런 얘기가 있다.
"정보로 흥한 자, 역정보로 망한다."

02 테마주의
빛과 그림자

흥부차장의 얘기를 듣고 안대리는 뜨끔했다.

어제 주식스터디가 끝날 즈음에, 좀 더 공격적인 투자를 위해서는 '정보매매'가 필요하겠다는 생각을 했기 때문이다. 흥부차장 얘기에 조금 겁은 났지만, 한편으론 자신은 그렇게 바보처럼 당하지 않을 거란 자신도 있었다.

"정보매매가 어려우면 테마주가 있지. 주식투자라는 게 시대의 흐름을 읽는 거잖아. 테마주를 활용하면 수익을 크게 늘릴 수 있을 거야."

안대리가 머릿속으로 온갖 생각을 하고 있을 때, 흥부차장이 다른 얘기를 꺼냈다. 오늘 작정하고 본인의 투자 실패담을 모두 꺼내려는 듯 보였다. 이번엔 무슨 얘기일까?

"모두들 흥미진진하구만. 오, 좋아 좋아. 나에게 집중되는 이런 분위기 좋아! 황씨 아저씨, 우리 막걸리 한 병 반주로 마시면서 이야기 계속할까요?"

역시 술 좋아하는 흥부차장이다 보니 바로 반주 이야기가 나왔다. 황씨 아저씨는 얼른 막걸리 한 병을 가져 와 흥부차장에게 한 사발 따라 주었다. 황씨 아저씨는 흥부차장 이야기에 너무나 공감하는 듯 심취한 눈빛이었다. 시원하게 막걸리 한 사발을 들이킨 흥부차장이 막걸리 병을 흘낏 보더니 '아, 내게 상처를 안겨 준 그 회사구만.'이라고 탄식했다.

도대체, 국순당 막걸리는 흥부차장에게 어떤 상처를 남겼던 것일까?

테마주는 누가 만드는가?

흥부차장이 경제권을 잃기 1년 전인 2010년 가을의 일이다. 안암동 K대학을 나온 흥부차장은 오랜만에 동문들과 모였다. 학교 다닐 때부터 단골이던 '이모네' 집에서 파전에 막걸리를 마시며 얼큰하게 취해 있었다. K대학 동문들이 모인 자리라서 그런지 술집이 시끌벅적했다. 그런데 한 친구가 2차로 호프를 가자고 제의했다.

모두가 거하게 취한 상태에서, 한 친구가 혀 꼬부라진 소리로 말했다.

"야, 호프는 뭔 호프? 막걸리가 좋아, 막걸리! 이모, 여기 국순당 걸로 막걸리 더 줘요~"

흥부차장이 '국순당'이라는 말에 그냥 못 넘어가고 한마디 했다.

"야, 그건 여자들이나 마시는 거지. 너무 싱거워. 진정한 남자는 걸쭈욱한 포천막걸리가 최고지."

그때 갑자기 국순당 막걸리를 주문한 친구가 목소리를 높였다.

"어이, 친구들~ 오늘 내가 기분이 너무 좋아서 일부러 국순당 막걸리를 시킨 거야. 내가 원래 막걸리 애호가가 아닌데, 올해 초에 느낌이 팍 오더라고. 일본 관광객들이 국순당 막걸리만 찾는 거야. 술 못 마시는 우리 집사람도 그건 한잔씩 하고. 그래서 국순당 주식을 사서리, 100% 수익 내고 나왔어! 1,000만 원 투자해서 2,000만 원 만들었다고. 내 오늘은 찐하게 쏜다~"

친구들은 모두 환호의 박수를 보냈다. 흥부차장은 취한 와중에도 배알이 꼴렸다.

"짜식, 그 정도 수익을 냈으면 더 크게 쏠 일이지. 막걸리가 뭐야?"

술자리의 화제는 이제 막걸리로 돌아갔다.

"요즘 정말 막걸리가 대세긴 대세야. '막걸리 누보'라는 것도 나오고, 대기업들도 하나둘 막걸리 시장에 진출하고 있잖아."

"일본 사람들도 막걸리에 뿅~ 갔다잖아. 국순당이 엄청나게 벌어 들이고 있대."

그 순간 흥부차장의 머릿속으로 국순당이 쏙 들어왔다. 술이 확 깨는 느낌이었다. 흥부차장은 집에 가자마자 인터넷으로 '국순당'을 분석하기 시작했다.

"오, 요즘 막걸리 테마주로 부상하고 있다 이거지?"

국순당의 주가는 그해 초 7,000원대에서 18,000원대까지 급등했다. 전국적으로 막걸리 광풍이 일다 보니 막걸리 테마주의 대장주인 국순당의 주가는 천정을 모르고 상승하고 있었다. 이러다 때를 놓칠 것 같은 조바심이 흥부차장을 감쌌다. 흥부차장은 바로 매수를 결정했다.

'그래, 대세는 막걸리야. TV를 봐도 막걸리, 증권사 리포트도 막걸리, 긍정적인 내용들만 가득하네. 분명 내 느낌이 맞을 거야! 올해 100% 상승했지만, 앞으로 100% 추가 상승하는 건 시간문제지. 그러고 보니 우리 집 냉장고에 있는 막걸리도 국순당이잖아. 막걸리 시장점유율이 2011년 3%에서 2012년엔 17%까지 높아질 거라니 망설일 필요 없어.'

홍부차장은 다음날, 국순당 주식을 19,000원에 500주 매수하였다. 월급통장을 와이프가 관리하는 상황에서, 와이프 몰래 성과금으로 만들어 놓은 비상금이 부족하다 보니 500주 정도밖에 살 수 없었다. 어쨌든 주가는 바로 탄력을 받기 시작했다.

"그렇지, 역시 나는 느낌이 좋아. 막걸리 테마주들 열심히 날아갈 거니까 나는 일이나 열심히 해야겠다."

그런데 며칠 뒤 분위기가 이상했다. 국순당의 주가가 추풍낙엽처럼 떨어지고 있었다. 하한가를 내리 꽂은 것은 아니지만, 하루하루 흐지부지하게 밀려 내려가는 주가에 홍부차장은 애간장이 녹았다. 그리고 며칠 뒤, 증권사 리포트가 나오기 시작했다.

'실적 실망, 막걸리 김빠졌나?'

'국순당, 3분기 실적 부진할 듯, 마케팅비 증가 부담'

홍부차장이 매수한 가격보다 20% 가까이 빠진 다음에야 증권사 리포트는 돌변했다. 가끔 위안이 되는 리포트들도 있었지만, 하락하는 주가를 잡을 수는 없었다. 결국 국순당의 주가는 19,000원에서 10,000원까지 밀렸다. 찔끔찔끔 내려오다 보니 대응을 안 했고, 그 결과 주가는 회복할 수 없는 지경까지 밀려 내려오게 된 것이다.

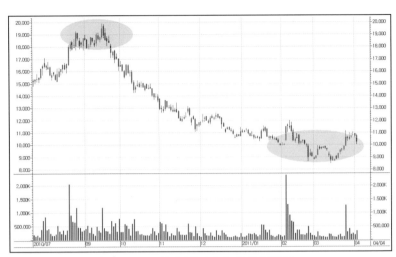

자료4-3 국순당의 주가 흐름. 19,000원대의 주가가 단기간에 급락했다.

홍부차징은 눈물의 손절매를 했다. 950만 원의 매입금액은 500만 원으로 줄어들었다. 짧은 시간에 크나큰 손해를 본 것이다. 분명 막걸리 테마라는 대세에 투자했는데 홍부차장은 왜 손해를 본 것일까? 모두가 이팀장이 어떤 말을 할지 기다리고 있었다.

"테마주가 투자자들에게 큰 수익을 줄 수도 있지만, 통계적으로 보면 많은 개인투자자에게 엄청난 손해를 입혔지. 홍부차장님이 경험한 막걸리 테마는 양반이라고 볼 수 있어. 주가 등락이 심한 테마의 경우에는 돌이킬 수 없는 손실을 입히게 되지."

안대리가 홍부차장이 잘못 투자한 거 아니냐는 투로 질문했다.

"이팀장님, 홍부차장님처럼 고점에서 살게 아니라 저점에서 사면 되는 거 아닌가요?"

"안대리, 과연 저점에서 살 수 있을까? 저점이란 테마가 형성되기 전이란 말이야. 일반인들이 해당 테마를 접하게 되는 때는 이미 주가가 크게 오른 뒤란 걸 알아야 해. 거의 90%의 개인투자자가 테마주에서 손실을 겪고 있다고 보면 되지. 적절한 테마만 선정하면 큰 수익을 낼 수 있을 것 같지만, 사실 시세는 작전세력들이 만들어내는 거야. 나중에 주가가 크게 상승한 후에야 어떤 종목이 테마주라는 걸 알게 되니까 황당하게도 그 테마와 관계 없는 종목이 급등하기도 하고, 해당 테마와 밀접한 관련이 있는 기업은 주가가 움직이지 않는 상황이 벌어지기도 해."

이팀장의 설명에 안대리는 쉽게 수긍할 수 없었다.

"과거 2012년 대통령 선거 때처럼 대선이나 정치 테마주가 급등한 적도 있잖아요?"

"안대리가 웬일로 테마주에 집착하네. 일단 통계자료를 먼저 보자고."

이팀장은 노트북에서 대선 테마주 관련한 뉴스기사와 통계자료를 찾아서 멤버들에게 보여 주었다.

"2012년 개인투자자가 대선 테마, 정치 테마주에서 잃은 투자금이 무려 1조 5천억 원이라고 해. 상상을 초월하는 액수지. 개인투자자들은 왜 이렇게 손해를 보게 될까? 그건 테마주에 주가조작 세력이 개입되기 때문이야. 개인투자자를 호구로 만든다는 얘기야."

대선 테마주 조작 사건

이팀장이 사례를 들며 설명을 시작했다.

"2011년에 대현이라는 종목은 정말 황당하게 주가가 급등락했어. 당시

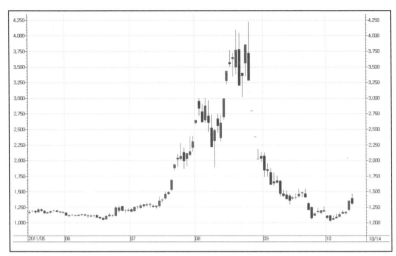

자료4-4 2011년 여름, 사진 조작 사건으로 주가가 급등한 대현

유력 정치인과 얼굴이 모자이크 처리된 한 남성이 찍은 사진에 그 남성이 '대현'의 대표이사라는 거짓 글이 인터넷에 떠돌았지. 대현의 주가는 단기간에 1,000원대에서 4,000원대로 폭등했지만, 이 사진이 거짓임이 밝혀지면서 주가는 다시 1,000원대로 급 회귀하는 일이 벌어진 거야. 해당 회사는 매우 당혹스러워 했고 말이야."

안대리는 이제서야 무언가 깨달은 눈빛이었다. 하지만 궁금증은 남아 있었다.

"대선 테마주가 주가조작 때문이라고 말씀해 주신 것은 충분히 이해가 돼요. 하지만 지금 사례는 2011년에 일어난 일이잖아요? 2012년이 대선인데 말이죠. 시기적으로 차이가 있지 않나요?"

"그러면 유력 대선 후보의 테마주이기도 하고, 다른 경쟁 후보가 제시했던 공약 관련주로 알려진 아가방컴퍼니의 주가 차트를 보자고. 대선 기간 내

내 아가방컴퍼니는 유력 후보의 한마디 한마디에 주가가 급등락했어. 하지만 정작 대선이 있었던 2012년에는 주가가 장기적으로 하락하는 결과가 나왔다는 것을 한눈에 확인할 수 있어."

안대리는 2012년 유력 후보의 테마주가 예상 외로 지지부진한 흐름을 보였다는 것을 보고 의아해 했다. 이팀장이 테마주에 대해 깔끔하게 결론을 내렸다.

"길게 꾸준히 수익을 내고 싶으면, 테마주는 절대 건드리지 말 것!"

어느 때보다 강한 어조였다.

"테마는 주가조작이 엮여 있을 가능성이 매우 높아. 내가 오랜 기간 개인투자자들을 보아 왔지만, 테마주를 좋아하는 분들의 경우, 요행히 한두 번은 수익을 보지만 결국에는 손실이 쌓여서 가산을 탕진하는 경우가 대부분이야. 주식시장에서 살아남고 싶거든 내가 한 말 꼭 잊지 말도록!"

자료4-5 유력 대선 후보의 테마주였던 아가방컴퍼니. 2012년 주가는 하락 추세였다.

주식스터디 멤버들이 살짝 살기를 느꼈을 정도로 이팀장의 마지막 말에는 매우 강한 부탁과 충고가 실려 있었다. 이팀장이 이렇게 강하게 이야기하는 이유는 90%의 개인투자자가 테마주로 인해 크나큰 손실을 입기 때문이다. 패가망신하기도 하고, 개인파산하기도 하고, 재기할 수 없을 정도로 재정적인 낭패를 보는 경우를 많이 지켜보았던 것이다. 테마주 얘기에 푹 빠지다 보니, 벌써 점심시간이 조금 지나고 있었다.

"어이쿠! 내 이야기만 하다 보니까 시간이 벌써 이렇게나 되었네. 내일은 더 스릴 넘치는 이야기가 기다리고 있으니까 다들 기대하라고."

흥부차장은 입에서 막걸리 냄새를 풀풀 풍기면서 일어났다. 오늘 분위기는 왠지 엄숙하고 숙연했다. 안대리를 비롯해 주식스터디 멤버들은 마음속에 뭔가 다짐하는 것이 있었다.

그날 저녁, 박주임과 미스쪼는 같이 퇴근했다. 박주임이 미스쪼에게 사케 한잔 하자고 제안했다. 미스쪼가 흔쾌히 대답했다.

"그럼 가볍게 한잔만."

미스쪼와 박주임은 선술집에서 따뜻한 청주 한잔을 시키고 이야기를 나누기 시작했다. 김이 모락모락 올라오는 어묵 꼬치들이 운치를 더해 주었다.

"미스쪼. 흥부차장님과 황씨 아저씨의 실패담을 듣다 보니, 주식투자가 위험한 거란 생각이 들어. 흥부차장님께 들은 얘기만 해도 손실 금액이 거의 5,000만 원에 이르잖아. 이팀장님은 왜 흥부차장님을 끌어들였고, 실패담에 수업시간을 할애했을까?"

"우리들이 자칫 욕심만 앞세울까 봐, 주식투자할 때는 긴장을 늦추지 말라는 의미가 아닐까요? 사실 주변에 주식투자로 큰 손해를 본 사람들이 많잖아요. 혹시나 우리가 잘못된 투자습관을 들일까 봐 경고의 메시지를 주셨다고 봐요."

따뜻한 청주를 한모금 마신 박주임은 어묵 한 줄을 꺼내 먹으면서 고개를 끄덕였다.

"나도 그렇게 생각해. 예전에 내 대학 선배 하나도 아무것도 모른 채 무작정 투자했다가 큰 낭패를 보았거든. 처음 시작하는 이 시점에 나쁜 투자법이 어떤 건지 확실하게 심어 둘 필요가 있지."

간단히 청주 한잔만 하자던 두 사람의 이야기는 금방 끝날 것 같지가 않았다.

티격태격하긴 해도 오누이처럼 친했던 두 사람인데, 이제 주식투자라는 공통의 주제가 생겼기 때문이리라.

03 무조건 피해야 할 종목 3가지

주식스터디   15일차

드디어 주식스터디를 시작한지 3주차 마지막 날이다.

주식스터디 멤버들은 서서히 주식투자에 대해 눈뜨기 시작했다. 주식투자로 수익을 낼 것에 가슴이 부풀기도 하고, 주의해야 할 점을 머릿속에 각인하기도 한 시간이었다.

"이제까지 주식투자를 할 때 주의해야 할 점을 이야기해 왔는데, 오늘은 주식투자를 하면서 절대적으로 알아야 할 공식을 3가지 이야기해 줄 거야. 일단 흥부차장님의 살 떨리는 투자실패 이야기부터 듣고 가자고. 지금까지의 실패담은 애들 장난에 불과하지."

이팀장이 운을 떼자, 모두들 흥부차장을 주목했다.

"여러분들, 상장폐지라는 것을 알고 있지요?"

웬일로 흥부차장이 존댓말을 썼다.

"한국거래소에 상장되어 있던 주식이 자격을 박탈 당하는 거 아닌가?"

황씨 아저씨가 대답했다.

"딩동댕~ 그런데 상장폐지엔 두 가지가 있죠. 회사가 자진해서 진행하는 경우, 또 다른 경우는 회사가 부도나거나 분식회계 등 불미스러운 일이 발생해 쫓겨나는 것! 제가 말씀 드리는 상장폐지는 후자입니다. 투자자 입장에서 상장폐지란 단 한순간에 투자했던 자금이 휴지조각이 되는 끔찍한 일이라 할 수 있지요."

흥부차장은 당시의 아픈 기억을 떠올리며 이야기를 시작했다.

팜프파탈의 치명적 매력, 동전주

모두들 알고 있듯이 흥부차장은 2010년과 2011년에 주식투자로 큰 손실을 보았다. 2011년 큰 손해를 본 후 아내에게 경제권을 모두 빼앗겼지만, 그 전해인 2010년에 막걸리 테마주에 투자했다가 손해 보고 남은 비상금 500만 원이 아직 그의 증권계좌에 방치되어 잊혀진 채 있었다. 흥부차장은 이 돈을 종잣돈으로 자신이 잃었던 거의 5,000만 원 가까운 돈을 복구하겠다는 꿈을 갖고 있었다. 그러던 2012년 어느 날, 흥부차장은 '아이스테이션'이라는 종목을 접하게 되면서 쾌재를 불렀다.

'아이스테이션이면 몇 년 전에 PMP로 한참 날리던 그 회사 아니야? 오, 그런데 여기에 요즘 대세인 3D기술을 접목한단 말이지. 오호라, 그런데 아이스테이션 주가가 왜 이렇게 합리적이지? 300원도 안 하잖아? 내 돈 500만 원이면 2만 주나 사겠구만. 주식을 사려면 수만 주 정도는 사야 뽀대가 나지.'

홍부차장은 2012년 2월 말, 250원 근처에서 아이스테이션 주식 2만여 주를 매수했다.

이처럼 백원 단위에서 움직이는 종목을 소위 '동전주'라고 하는데, 십중팔구는 회사에 재무적인 리스크가 높아졌을 경우다. 이런 동전주들은 주가 상승 시 갑자기 2배, 3배씩 뛰는 특성이 있어 개인투자자들이 그 오묘한 매력에 빠지게 되는 것이다. '팜프파탈 효과'라고 할까?

'아이스테이션! 이거 소박하게 100%만 수익 내고 나와야겠다. 250원에 샀으니까 500원만 가면 되잖아?'

홍부차장은 주머니에 있던 500원짜리 동전을 손가락으로 튕기며 자판기 앞으로 갔다. 식후 졸음을 쫓기 위해 캔커피를 뽑으려고 했는데 자판기가 동전만 먹은 채 반응을 하지 않았다.

"이런 제길, 회사 자판기가 직원 동전을 갈취하다니. 그래 먹어라, 먹어! 나는 아이스테이션으로 대박 나면 되니까!"

자판기가 먹어 버린 500원, 그건 홍부차장에게 닥칠 비극의 전조였다.

며칠 뒤, 아이스테이션의 주가는 추풍낙엽처럼 떨어졌다. 주가가 200원까지 밀고 내려갔던 것이다. 하지만 동전주는 주가가 큰 폭으로 하락해도 투자자 본인에게 별 감흥이 없다는 치명적인 단점이 있다. 분명 250원에서 200원으로 20%나 하락하였지만, 체감으로는 겨우 '50원' 빠진 기분이기 때문이다.

"그 까짓거 50원, 조금 기다리면 500원 될 텐데 뭐."

그 후로도 주가는 계속 하락하였고, 2012년 3월 13일 아이스테이션 주식이 거래정지되었다. 홍부차장은 그제서야 뭔가 심각하다는 것을 깨닫게 된다.

인터넷에 '아이스테이션 완전자본잠식, 거래정지!'라는 뉴스기사가 도배되었다.

홍부차장은 패닉에 빠졌다. 그의 마지막 비상금 500만 원이 허공으로 날아가기 일보 직전이었기 때문이다. 인터넷 종목 게시판엔 아이스테이션 주주들의 곡소리가 요란하게 울려퍼졌다. 홍부차장은 그날 이후, 일이 손에 잡히지 않았다. 하루 종일 아이스테이션에 대한 뉴스 기사를 검색했고, 아이스테이션 주주 토론 게시판의 글을 읽었다.

드디어 상장폐지가 확정되었다. 그런데 상장폐지 전 정리매매를 할 수 있다고 한다.

'그래, 몇 백만 원은 건질 수 있겠지? 정리매매가 4월 3일이군.'

홍부차장은 4월 3일 장이 시작하자마자 시세판을 보았다. 거래정지 전 168원에 있었던 아이스테이션의 주가는 10~20원에서 움직이고 있었다. 이게 무슨 황당한 일인가.

상장폐지를 위한 정리매매 때에는 상하한가가 없다는 사실을 홍부차장은 모르고 있었던 것이다. 결국 홍부차장은 장 마감 즈음에 20원에 정리매매를 했다. −92%의 손실, 이제 홍부차장의 계좌엔 40만 원이 채 되지 않는 돈만 남았다.

"아! 그날 홍부차장님이 수십만 원어치 술 사 주신 날 아니에요? 취하셔서 펑펑 우셨잖아요?"

이팀장이 그날 기억을 떠올렸다.

"맞아, 비상금뿐만 아니라 남자의 자존심까지 탈탈 털린 날이었지."

홍부차장은 그 때 생각을 하면서 한숨을 길게 내쉬었다.

상장폐지의 공포

"홍부차장님이 경험한 사례가 바로 상장폐지의 공포라고 할 수 있어. 불명예스럽게 상장폐지되는 경우, 상하한폭이 없는 정리매매 절차를 거치게 되기 때문에 많이 남으면 투자금의 10% 정도, 심할 경우에는 투자금의 1%도 남지 않는 경우가 허다해. 투자금이 진짜 휴지조각이 되는 거지."

이팀장이 다시 한번 정리를 해 주었다.

"그리고! 개인투자자 중 절반 정도는 한 번 이상 상장폐지를 경험하게 된다는 걸 명심해. 손실금이 워낙 크기 때문에 다시 주식투자를 못 하는 경우도 많지. 차근차근 수익률을 살 쌓다가도 한방에 무너지는 경우가 바로 이 때야."

미스쪼가 바로 덧붙였다.

"상장폐지를 피할 수 있다면, 수익률 관리에 획기적인 도움이 되겠네요."

"당연하지. 그러면 상장폐지를 피할 수 있는 절대공식 3가지를 알려 줄게. 이 중에 단 한가지만 해당되면, 그 종목은 쳐다보지도 말아야 해!"

피해야 할 종목 선정 3가지 절대공식

1. 자본잠식 경험이 있는 회사를 피하라!

2. 적자가 2년 이상 이어지는 회사를 피하라!

3. 부채비율 200%가 넘는 회사를 피하라!

간결하지만 핵심을 담은 내용이었기에, 스터디 멤버들에게 각자 소리내어 읽도록 한 다음에 이팀장이 설명을 이어 갔다.

"이런 정보들은 쉽게 찾을 수 있지. 증권사 HTS와 증권 포털사이트, 인터넷 포털사이트에 있는 기업개요 화면 또는 기업분석 화면에서 한눈에 확인할 수 있거든. 그럼 흥부차장님이 투자했던 아이스테이션의 재무비율이 궁금해지지?"

이팀장이 노트북에서 아이스테이션의 과거 자료를 어렵게 찾아냈다.

"여기 있네. 이 자료는 아이스테이션의 2008~2010년 재무비율인데 여기서 부채비율을 보면……"

이팀장의 말문이 막혔다. 아이스테이션의 부채비율 난엔 숫자가 아닌 '일부잠식'이라는 글자가 적혀 있었기 때문이다.

	2008년	2009년	2010년
부채비율(%)	일부잠식	일부잠식	556%

자료4-6 아이스테이션의 부채비율. 자본 일부잠식 상태가 이어지고 있다.

"흥부차장님, 아이스테이션은 피해야 할 종목 선정 3가지 절대공식에 모두 해당되는 종목이었어요. 부채비율은 계속 일부잠식이다가 2010년에 일시적으로 556%로 자본잠식 상태를 피하긴 했지만, 제가 말한 부채비율 기준인 200%를 넘어가는 상황이었어요."

이팀장은 답답한 듯 말을 이어 갔다.

"그뿐이 아니에요. 2009년과 2010년에 2년 연속 적자였어요. 아이스테이션은 마치 시한폭탄과 같은 상황이었고, 그러다 보니 '동전주'로 전락했던 거죠. 만일 흥부차장님이 이 공식을 알고 계셨다면 최소한 낭패는 면하셨겠죠."

흥부차장이 머리를 끄덕였다.
"내가 이팀장 안 지가 몇 년인데, 자존심 때문에 주식투자에 대해 물어 보지 않았던 게 한으로 남는구만."
"흥부차장님, 이제부터 제대로 하시면 되잖아요."
박주임이 흥부차장을 위로해 주었다. 흥부차장은 박주임에게 고맙다고 하면서, 그동안 열심히 일해서 비상금을 조금씩 쌓아가고 있으니 이제부터라도 제대로 투자해 보겠다고 다짐했다.

04 절대, 절대, 절대 빚내서 투자하지 마라

잠자코 듣고 있던 황씨 아저씨가 갑자기 자신도 실패담을 고백할게 있노라고 나섰다. 다른 사람에게 추천받아서 실패하고, 일임매매로 실패한 경험 외에 또 다른 경험이 있었던 것이다.

"내 이야기는 2018년 때 일이야. 2007년에 1억이라는 큰돈을 휴지조각 만들고 그 후론 일에만 전념했지. 그러다 십수 년이 지나니 내 비상금이 한 500만 원 정도 생긴 거야. 다시 주식투자를 하고 싶긴 한데, 500만 원이 간에 기별도 안 가더라고. 그러다 TV에서 투자자금을 빌려준다는 광고를 봤어."

레버리지 투자의 손실은 상상 이상이다

황씨 아저씨가 본 것은 '스탁론, 주식매입자금대출, 주식담보대출, 신용융자' 등 다양하게 구분되어 있는 주식투자자금 대출 상품이었다. 증권사들은 '신용융자'라는 제도를 통해 대략 원금의 2배 가까운 투자를 할 수 있게 해준다. 또는 대출업체를 끼고 투자자의 투자금 대비 3~4배의 금액을 대출해 주기도 하는 것이다. 이렇게 빚을 내서 투자하는 것은 적은 투자금으로 큰 수익을 낼 수도 있지만, 하루이틀 만에 큰 손실을 볼 수도 있다.

황씨 아저씨의 이야기가 이어졌다.

"여기저기 돈 빌려 준다는 업체들이 많더라고. 종잣돈 500만 원에 1,000만 원을 대출받아 총 1,500만 원으로 주식투자를 다시 시작했지. 백만 원 단위와 천만 원 단위는 차이가 많았어. 주식투자를 한다는 느낌이 꽉꽉 들었

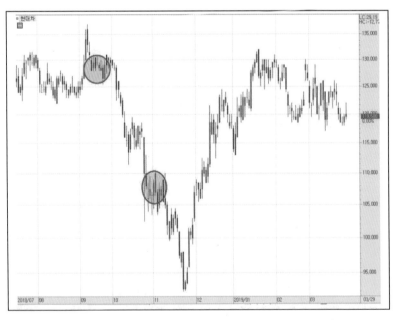

자료4-7 현대차 2018년 가을 이후 주가 흐름, 짧은 기간 주가 하락이 강하게 발생하였다.

다고나 할까. 어쨌든 이번에는 안전한 종목으로 투자해야겠다는 생각이 들어서 2018년 9월에 현대차 주식을 샀어. 당시 13만 원 정도에 매수했을 거야."

황씨 아저씨의 말을 듣고 있던 이팀장이 당시 현대차의 주가 차트를 찾아 보여주었다. 현대차의 주가는 겨우 한두 달 만에 −15% 넘게 하락하였다. 코스닥이나 중소형 개별주의 하락 폭에 비해서는 양호한 수준이었지만, 빚을 내서 투자한 황씨 아저씨의 원금에는 큰 손실을 끼쳤을 게 불 보듯 뻔한 상황이었다.

"내 참, 안전하게 투자한다고 현대차를 샀는데 그렇게 허무하게 내려갈 줄 누가 알았겠어? 내 돈 500만 원만 투자한 거였으면 참고 기다렸을 텐데, 이게 주식매입자금대출을 사용한 거다 보니 내 원금이 얼마 남았는지 궁금하더라고. 계산기를 두드려 봤지. 15% 하락이니까 전체 투자금 1,500만 원에서 225만 원이 손해가 났더란 말이지. 그런데 내 원금 500만 원하고 비교를 하니까 −45%나 되는 큰 손실이었던 거야. 황당하더라고."

황씨 아저씨는 지금 생각해도 분통이 터지는 듯 얼굴이 붉어졌다.

"그래서 어떻게 됐나요?"

미스쪼가 아저씨의 다음 이야기를 재촉했다.

"뭘 어떻게 돼? 거기서 더 빠지면 내 원금은 한푼도 안 남겠더라고. 할 수 없이 손절매를 했지. 그동안 주가는 더 빠졌지, 게다가 매매수수료에 대출 수수료까지 모두 제하고 나니, 겨우 250만 원 건진 거야. 2007년에 1억이 200만 원 된 거보다는 양호하지만, 참 기분이 거시기하더라고."

이것이 바로 레버리지 투자(빚 내서 하는 투자)의 최대 단점이다. 주가 상승 시에는 원금 대비 큰 수익을 보지만, 주가 하락 시에는 원금에서 발생되는 손실 그리고 빌린 돈에서 발생되는 손실을 모두 본인이 부담해야 하는 것이다.

황씨 아저씨는 원금의 3배 레버리지 투자를 하셨기 때문에, 현대차의 주가는 15% 빠졌지만 실질적인 손해는 그 3배인 45% 손실이 되는 것이다.

빚은 극도로 불안한 투자심리를 만든다

"황씨 아저씨, 그 당시 심리적으로 매우 쫓기는 느낌이었죠? 만일 황씨 아저씨가 그때 원금으로만 투자하셨다면 현대차를 그대로 들고 가실 수 있었을 겁니다. 2019년 들어 현대차의 주가가 2019년 6월에 잠시 14만 원이 되기도 하였으니, 그대로 들고 가셨다면 7% 이상의 수익을 올릴 수 있었을 거예요. 빚을 내서 투자하게 되면 주가가 하락할수록 쫓기는 심리 상태가 되어 중간에 손절매 할 수 밖에 없게 되는 거죠."

황씨 아저씨는 현대차 주가가 2019년 6월 14만 원까지 갔다는 이팀장의 말에 안타까운 표정을 지었다.

"뭐, 현대차가 그렇게 반등하였었단 말이야? 내가 11만 원 무너지고 팔고 10만 원도 무너지는 것까지 보았는데, 너무 아깝다 아까워. 그냥 들고 있었어야 하는데. 에휴, 그땐 정말 뒤에서 호랑이가 쫓아오는 것 같았다니깐."

수많은 개인투자자들이 이러한 레버리지 투자를 이용하고 있다. 샐러리맨들은 자금이 부족하므로 이러한 유혹에 더욱 흔들리기 쉽다. 하지만 신용융자, 스탁론, 주식매입자금대출 등을 이용한 투자자들은 십중팔구 원금을 모두 날리고 강제로 청산되는 절차를 거친다.

가장 결정적인 문제는 심리적으로 쫓기는 상태로 투자하기 때문에, 안정된 투자를 할 수 없다는 것이다. 또한 주식투자에 올인하느라 회사 업무나 본업에 지장을 초래한다는 것도 문제다. 황씨 아저씨의 실패담을 끝으로 3주차 교육이 모두 끝났다.

"자! 드디어 3주차 교육이 끝났습니다!"

이팀장의 말에 모두들 시간이 정말 빨리 흘러간다는 생각이 들었다. 그런데 요즘 며칠 연속 실패담만 듣다 보니, 살짝 주식투자에 대한 의욕이 꺾이는 분위기였다.

"이번 주엔 주식투자하면서 주의해야 할 점을 공부했으니, 이제 본격적으로 수익 내는 방법에 대해 공부해야겠죠? 드디어 다음주부터는 궁극적인 투자 성공의 비법! 가치투자 방법에 대해서 알려 드리겠습니다!"

이팀장이 과장된 몸짓으로 다음주의 주제를 던졌다.

사실 지금까지 '369 매매전술'이나 생활에서 찾는 종목 발굴법, 주식혼합전략 등 다양한 전술전략을 배웠지만 구체적인 종목을 찾는 방법에 대해서는 없었기 때문에 다들 궁금해 하는 내용이었다.

"이팀장님, 제가 제일 궁금한 거예요. 가치투자를 해야 한다는 얘기는 많이 들었는데, 드디어 시작이군요."

미스쪼는 살짝 흥분이 되는 듯 목소리가 들떠 있었다.

가치투자란 개인투자자, 특히 바쁜 직장인이나 본업이 있는 사람들에게 꼭 필요하지만 실전 투자에서 외면받고 있는 것이 현실이다. 하지만 진정한 투자수익은 가치투자에서 나오고, 이팀장이 쌓아온 투자 성과 역시 가치 투자에서 발생된 것이다.

갑자기 방문 앞으로 누군가 헛기침을 하면서 지나갔다. 놀부전무였다.

"황씨! 여기 계산!"

"네~ 전무님! 식사 다 하셨어요?"

황씨 아저씨는 바로 뛰어나가서 놀부전무의 식사값을 결제하고 있었다. 그런데 황씨 아저씨와 놀부전무가 잠시 실랑이를 하는 모습이 보였다. 황씨 아저씨는 연신 손사래를 치고 있었다. 잠시 후 방으로 돌아온 황씨 아저씨가 조금 전의 상황을 설명해 주었다.

"웬일이래? 놀부전무가 우리 주식스터디 식대까지 다 계산하시네. 요즘 종종 우리 옆방에서 손님들과 식사를 하시더라고."

말이 끝나기도 전에 흥부차장이 사색이 되었다.

"아~ 아저씨! 저 요즘 놀부전무랑 안 좋은데, 미리 얘기해 주셨어야죠. 옆방에서 내 얘기 다 들었을 거 아니에요? 점심에 반주로 막걸리도 마셨는데, 딱 걸렸네!"

그런데 놀부전무를 20년 넘게 보아 왔던 황씨 아저씨는 생각이 달랐다. 노랭이 놀부전무가 식대를 결제하고 간 건 무언가 생각이 있을 거라는 느낌이 왔다. 그리고 그 느낌은 나쁘지 않았다.

그날 저녁은 20대 청춘의 가슴을 뛰게 하는 불타는 금요일이었다. 박주임과 미스쪼는 지난주 소개팅 해프닝 이후에 더 가까워졌다.

"미스쪼, 오늘 광장시장에 있는 맛집 어때? 그 집 순대하고 튀김, 떡볶이가 별미거든. 버스 타고 가면 금방 간다고."

미스쪼는 마다할 이유가 없었다.

미스쪼와 박주임은 종로행 버스에 올랐다. 다행히 버스 뒷자리가 비어 있었다. 박주임은 미스쪼를 재빨리 창가 쪽으로 앉혔다.

"박주임님, 예전하고 많이 달라지신 거 알아요? 금요일 저녁마다 근사한 술집에서 수십만 원씩 쓰시던 분이 떡볶이와 순대를 드시러 광장시장에 가자고 하다니, 혹시 어디 이상해진 건 아니죠?"

"사실 머리가 조금 이상해진 것 같아. 예전에 내가 썼던 술값들이 너무 아깝더라고. 친구들한테 폼 잡는다고 큰돈 들여 술 사고 그랬는데, 그게 무슨 짓이었는지 몰라. 요즘 내 머릿속엔 돈을 모아야 한다는 목표뿐이야."

박주임은 주식스터디를 하면서 돈을 모아야겠다는 생각이 점점 구체화되고 있었다. 서른이 눈앞이니 결혼 계획도 세워야 했다. 요즘 미스쪼와 가까워지면서 미스쪼의 장점들이 눈에 들어오기 시작했다. 돈에 대한 감각이 뛰어난 것도 마음에 들었다.

박주임이 상상의 나래를 펼치는 동안, 어느새 버스는 광장시장에 도착했다. 시끌벅적하고 소박한 시장 분위기가 나름대로 운치있었다. 사실 박주임은 광장시장에서 어디가 맛집인지 몰랐다. 그냥 눈에 띄는 아무 집이나 들어갔다.

"여기가 맛집이래. 이모~ 여기 순대랑 떡볶이 주세요. 맛있게요."

김이 모락모락 피어 나는 순대와 떡볶이가 나오자, 두 사람은 맛있게 먹기 시작했다.

"박주임님은 주식투자로 집도 마련할 계획이에요?"

미스쪼가 순대를 떡볶이 국물에 묻혀 한입 먹고 나서 물었다.

"응. 월급 모아서 서울에 집 사기는 힘들잖아. 월급을 하나도 안 쓰고 모두 모아도 내 집 마련하기 힘들다는 뉴스를 봤어. 그런데 내가 흥청망청 써 왔던 돈으로 주식투자를 하면 가능성이 있겠더라고. 사실 펑펑 술 마시는 데 쓴 돈이 한 달에 근 100만 원이었거든. 그것만 아껴도 종잣돈 마련은 될 거 야. 또 친구들 대신 은송이하고 시간 보내면 더 유익하고 보람도 있고……"

박주임은 자신의 말에 스스로 놀라 말을 끊었다. 미스쪼도 그 순간을 놓치지 않았다.

"웬 일로 제 이름을 불러 주신대요? 음, 요즘 이상해, 느낌이 이상해. 혹시 지금 저랑 데이트하시는 거예요? 제가 얼마나 눈이 높은데요?"

미스쪼, 아니 은송은 농담처럼 너스레를 떨었지만 박주임이 조금 달라졌음을 이미 느끼고 있었다. 직장 동료로서의 호감을 넘어서고 있다는 것을. 박주임은 살짝 얼굴을 붉혔다.

그 순간 어디선가 핑크빛 분위기를 와장창 깨는 목소리가 들려 왔다.

"은송은 무슨! 미스쪼는 미스쪼가 어울리지. 어이 쥔장, 여기 막걸리 한 병 더 주고, 국수도 좀 말아 줘~"

두 사람은 동시에 고개를 돌려 목소리의 주인공을 쳐다봤다. 얼굴에 심술 이 가득한 놀부전무였다. "앗! 놀부전무님!"

두 사람은 벌떡 일어나 인사했다.

"인사는 무슨. 회사에서도 매일 보는 사이면서, 여기까지 와서 청승을 떨고 있어? 자, 박주임 한잔 받아!"

박주임은 놀부전무가 따라 주는 막거리 한잔을 쭉 들이켰다.

"전무님, 여기는 무슨일이시지 말입니까?"

"퇴근하는 길에 가끔 들러서 탁주 한잔 하는 집이야. 오늘 우연히 두 사람을 만난 거고. 그러고 보니 요즘 두 사람 점심에도 붙어 다니던데, 황씨네 식당에서 말이야. 조금 수상해~"

놀부전무는 실눈을 뜨고 두 사람을 쳐다보았다.

"자, 우리 회계의 달인 미스쪼도 한잔 받아! 똘똘이 덕분에 내가 좀 편하게 일하고 있지. 아침에 커피 타 줘서 고맙고. 다음부턴 커피 탈 때 손가락으로 휘젓지 마라. 좀 짜더라."

미스쪼는 뜨끔했다. 커피 타는 게 너무 싫어서 화장실 갔다가 씻지 않은 손으로 커피를 휘저은 적이 있었는데, 놀부전무가 본 모양이다.

갑작스런 만남에 얼어붙은 두 사람에게 놀부전무가 이상한 제안을 했다.

"다음주 월요일 점심 때는 내 방, 놀부전무실에서 스터디 한다! 알았지? 이팀장하고 흥부차장한테도 전달해."

놀부전무는 막걸리 한잔을 더 들이키더니 두 사람이 먹은 것까지 계산하고 먼저 자리를 떴다. 두 사람은 멍한 표정으로 놀부전무의 뒷모습을 바라보았다.

"놀부전무님이 왜 자기 방으로 오라는 거지?"

"글쎄요. 노랭이가 우리 먹은 것까지 계산을 하다니, 그것도 이상하고요."

놀부전무가 끼어들어서 어색했던 분위기는 금방 화기애애하게 돌아왔다.

젊음의 특권인 불금은 그렇게 깊어갔다.

Summary
04

- 주식정보 중에는 역정보라는 나쁜 의도를 가진 정보도 있다.

- 역정보를 뿌리기 전, 주가조작세력은 자신들의 추종세력을 만든다.

- 한두 번 정보매매로 수익을 낼 수는 있지만, 역정보 한 번에 패가망신할 수도 있다.

- 테마주란 사회적으로 이슈가 되는 정보를 이용해 주가조작세력이 급등시킨 종목이다.

- 개인투자자는 거의 대부분 상투권에서 테마주 매매를 하게 된다.

- 개인투자자에게 있어 상장폐지는 투자금이 휴지조각이 되는 가장 위험한 상황이다.

- 상장폐지 종목만 피해도 개인투자자의 수익률은 크게 개선될 수 있다.

- 상장폐지 가능성이 높은 피해야 할 종목 3가지 절대공식을 꼭 지켜라.

- 빚내서 투자하면 절대 수익을 내지 못한다.

Chapter

05

놀부전무의 스마트한 은퇴 자산 만들기

가치투자와 주식혼합전략(자산배분전략)의 시너지효과

박주임은 월요일 아침 출근하자마자 이팀장과 흥부차장에게 놀부전무의 말을 전했다. 미스쪼는 안대리와 황씨 아저씨에게 알렸다. 모두들 의아해했다. 혹시 회사내 불법 사모임을 만들었다고 질책하려는 것은 아닐까? 금요일에 점심 값을 내 준 것은 혼내기 전에 아량을 베푼 것인가? 점심시간이 되자 다들 걱정과 우려 속에 놀부전무 방으로 모였다.

황씨 아저씨는 도시락 7인분을 싸 들고 미리 와서 놀부전무와 이야기를 나누고 있었다. 두 사람은 언뜻 보면 막역한 친구 사이처럼 보였다. 모두가 자리에 앉자 놀부전무가 말문을 열었다.

"내 자네들이 황씨네 식당에서 주식스터디를 하고 있다는 정보를 입수했지. 뭐 입수라기보다 옆방에서 다 들었어. 흥부놈은 맨날 주식에만 정신 팔려 있더니, 그렇게 돈을 꼴아박고 있어서 그랬던 거였구만."

놀부전무 입에서 무슨 말이 나올지 모두들 짐작하기 어려웠다.

"내가 옆방에서 듣다 보니 주식스터디, 그거 참 좋은 모임이라는 생각이 들더구만. 우리 회사 직원들이 적은 연봉으로 재산을 증식할 수 있는 방법은 주식밖에 없거든. 그런데 투자방식이 문제야. 흥부놈처럼 하면 수천만 원 거덜나는 거 한순간이지. 이수팀장의 투자방식이 맘에 들어. 일에 방해도 안 되고, 재산도 열심히 불려 갈 수 있으니까."

한국말은 끝까지 들어 봐야 한다더니, 놀부전무의 말은 모두의 예상 밖이었다. 다들 굳은 자세를 풀지 못하고 놀부전무의 말을 듣고 있었다.

"나도 이제 노후준비를 확실히 해야 할 것 같아. 지금 수중에 자금이 1억원 정도 있는데, 나도 예전에 흥부차장처럼 크게 당한 적이 있어 불안불안해. 오늘부터 가치투자에 대해 공부할 거라 했지? 나도 그 가치투자를 배우고 싶다네. 내가 회계업무를 수십 년 해 왔으니, 가치투자는 잘하지 않겠나?"

결국 본인도 스터디 멤버에 끼워 달라는 말을 하고 있었다. 다들 우물쭈물 아무 말도 못 하고 있는데, 미스쪼가 당돌하게 나섰다.

"전무님께서 점심 식대하고, 커피 값하고 모두 내시면 생각해 볼게요."

흥부차장이 끼어들었다.

"아, 그리고 다들 있는 자리에서 흥부놈이 뭡니까? 앞으론 흥부차장이라고 불러 주세요."

주식스터디 멤버들은 놀부전무가 주식스터디에 가입하기 위한 조건을 몇가지 덧붙였고, 놀부전무는 흔쾌히 수락했다.

"모두 다 오케이! 그럼 오늘부터 나도 스터디 멤버 되는 거야?"

"놀부전무님, 법인카드는 아니 되옵니다. 영수증 처리 안 해 드릴 거예요."

역시 미스쪼가 정곡을 찔렀다.

"허허, 알았어. 내 돈으로 낼게. 역시 내 밑에서 일하다 보니 회사 돈을 아끼는 정신이 투철하구만! 내가 맛있는 거 많이 사줄 테니, 같이 스터디하자고. 봐서 저녁 회식도 내가 내지."

놀부전무의 화끈한 제안에 다들 박수로 화답했다. 7인의 멤버들은 황씨 아저씨의 도시락을 먹으며 16일차 주식스터디를 시작했다.

여느 때와 마찬가지로 이팀장이 오늘 수업의 핵심 주제를 던졌다.

01 알짜배기 저평가된 회사를 찾아라

"우리가 공부했던 '369 매매전술'이나 바쁜 일상에서 찾는 종목 발굴법 등은 가치투자를 활용한 간접적 종목 발굴 방법이라고 할 수 있습니다. 지금부터는 좀 더 직접적인 방법을 알려 드리려고 합니다. 그런데 가치 있는 종목을 발굴하는 것보다 더 중요한 게 있는데, 그게 뭘까요?"

"가치투자니까 가장 가치가 높은 종목이 제일 좋은 것 아닌가요?"

박주임이 자신의 성격처럼 단순하게 대답했다.

"그럼 삼성전자나 셀트리온 등에 무조건 투자하면 되는 걸까요? 아니란 걸 알겠죠? 가치투자란 바로 저평가된 종목을 발굴하라는 얘깁니다. 저 평가된 가치주를 발굴할수록 투자 수익이 높아지는 결과를 가져오죠."

저평가 가치주를 발굴하는 방법과 투자수익을 높이는 효과에 대해 이과 장의 본격적인 강의가 시작되었다.

저평가 가치주의 매력

가치투자란 기업의 가치보다 싼 가격에 주식을 사서 비싼 가격에 매도하는 것을 말한다. 기업의 주가는 상승과 하락을 반복하게 된다. 이러한 과정에서 주가가 회사의 가치보다 낮아지는 저평가 영역대에 있을 수도 있고, 회사의 가치보다 고평가된 영역에 있을 수도 있다. 다시 말해 어떤 기업의 주가는 실제 가치보다 훨씬 과소평가되고, 어떤 주가는 거품이 많이 끼어 있다는 얘기다.

당연히 주가가 고평가된 영역에 위치해 있다면 매수하면 안 되고, 주가가 저평가된 위치에 있을 때 매수해야 한다. 우리는 일상생활을 하면서도 이와 비슷한 합리적인 소비를 하고 있다. 예를 들어 보자.

보통 출시된 지 한 해가 지난 의류를 이월상품이라 칭한다. 거의 비슷한 디자인의 제품이 단지 작년에 나왔다는 이유로 60~70% 할인돼서 팔리고, 올해 나온 신상은 정찰가격 그대로 판매된다. 이월상품은 저평가되어 있고, 신상은 고평가되어 있다고 볼 수 있다. 그래서 백화점의 이월상품 매대는 항상 사람들로 북적이게 된다. 물론 신상을 입는 사람들이 최고로 치는 패션리더로서의 자부심은 별개이다.

그런데 이상한 것은, 이렇게 일상생활에서는 가격과 실제 가치를 고려한 소비를 하는 사람들이 주식시장에만 들어오면 바보 같은 행동을 하는 것이다.

분명 주가가 고평가된 영역에 들어와 있는데 어떤 주도적인 테마라는 이유로 또는 작전세력이 붙었다는 루머를 듣고 분위기에 휩쓸려 추격매매를 하는 것이다. 그 결과는 어떨까? 주가엔 더욱 버블이 끼게 되고, 어느 순간 버블이 터지면서 주가는 순식간에 반토막, 십분의 일토막으로 폭락하게 된다. 앞서 언급한 대선 테마주가 대표적인 케이스일 뿐만 아니라 매년 다양한 테마가 버블을 만들고 무너지는 것을 반복하고 있다.

자료5-1 버블 붕괴의 대표적 사례. 신라젠의 2017년~2019년 주가 흐름

신라젠의 주가는 그 이전 2015년부터 시작된 제약/바이오의 버블이 극에 이르던 2017년에 화려한 랠리를 만들었다. 2017년 연초 1만 원대에 있던 주가는 2017년 제약/바이오 테마에 몰린 투자자들의 '가즈아' 열풍과 함께 15배 이상 폭등하면서 제약 테마주의 대장주 수준으로 올라섰다.

특히 2017년 연말 코스닥150에 몰린 ETF신탁자금이 제약/바이오 업종의 화려한 불꽃을 만들면서 버블이 극에 달했다. 수많은 투자 현인들이 버블을 경고하였지만 개인투자자들의 '가즈아' 열풍은 계속 이어졌다. 결국 2018년 연초 이후 버블이 가라앉기 시작하고 단 2년 만에 주가는 1만 원대까지, 버블 고점 대비 1/15 수준으로 다시 하락하였다.

반대의 경우, 실제 가치가 훌륭함에도 불구하고 투자자들에게 철저하게 외면받아 저평가된 영역에 있는 종목도 있다. 투자자들은 "거래량이 너무 부족하다."고 말하며 그런 종목들에 관심을 갖지 않는다. 종종 증권 관련 기사에 '버려진 흑진주'와 같은 문구로 소개되는 종목들이다. 하지만 그렇게 버려져 있던 종목들도 주가가 충분히 상승하게 되면 이상하게 거래량이 동반해서 증가하고, 뉴스에도 언급되기 시작한다. 이후 거래대금과 주가가 어느 정도 상승해 시가총액이 늘어나게 되면, 기관과 외국인들이 매수세를 보이면서 주가를 끌어올리고, 여기에 증권사의 긍정적 리포트들이 쏟아져 나오게 된다.
그 결과 주가는 큰 폭으로 상승한다.

이렇게 버려진 흑진주에서 보석으로 탈바꿈하게 될 '저평가된 가치주'에 투자하는 것이 진정한 가치투자다.

이팀장이 2000년에 투자했던 '현대미포조선'이 그 대표적 케이스다.

당시 현대미포조선에 대한 평가는 한마디로 '버려진 흑진주'였다. 자산가치에 비해서 주가수준은 낮았고, 배당수익률은 높았다. 회사의 수익성과 성장성을 감안해 보면 주가가 극단적인 저평가 영역에 있음을 알 수 있다.

자료5-2 버려진 흑진주에서 보석으로 탈바꿈했던 현대미포조선

현대미포조선은 가장 화려하게 비상한 저평가 가치주였다.

잠시 주가 등락은 있었지만, 주가는 계속 저평가 영역에 있었다. 2003년 봄 4,000원대였던 주가는 지속적으로 상승하면서 2007년 호황장일 때 40만 원으로 상승했다. 거의 100배 가까운 비상이었다. 2000년 초반까지도 투자자에게 소외되고, 기관의 관심을 받지 못하던 종목이었지만 2003년 이후엔 기관과 외국인의 꾸준한 매수세가 이어졌다. 증권사의 장밋빛 리포트가 힘을 모으면서 상승은 지속적으로 이어졌고, 드디어 2007년에 클라이막스를 찍었다. 그런데 주목할 것은 2007년의 주가는 오히려 버블이 형성된 고평가 영역대였다는 것이다. 2008년 허무한 주가 붕괴는 예견된 것이었다.

버려진 '저평가 가치주'였다가 테마주로 분류되면서 주가가 급등한 케이스도 있다.
바로 피에스텍이다.

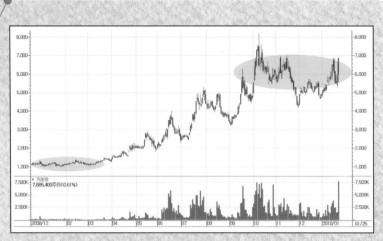

자료5-3 2009년 저평가 가치주에서 테마주로 분류되며 주가가 급등했던 피에스텍

2009년 피에스텍의 주가는 1,000원 초반이었다. 2008년 금융위기 이후 회사의 수익성과 자산가치의 건전성에도 불구하고 주가는 계속 저평가된 영역에 있었다. 피에스텍의 주가 차트는 2009년 초반에는 거래량도 극히 적고 주가도 1,000원대에서 횡보하는 것을 보여준다.

하지만 주가가 본격적으로 상승하기 시작했던 3월 이후, 서서히 거래량은 증가하였고 때마침 피에스텍이 '스마트그리드'라는 테마주로 편입되면서 투자자들의 관심이 집중되었다. 2009년 초 극히 저평가 영역에 있던 주가는 같은 해 가을에 8,000원대를 넘어섰고 거래량도 폭증했다. 불과 10개월 만에 주가가 8배나 상승한 것이다.

그런데 여기서 주의해야 할 것이 있다. 테마주에 편승해 주가가 급등락을 거듭하던 여름 이후는 가치투자 관점에서 본다면 관심종목에서 멀리 해야 하는 시점이라는 것이다.

이처럼 '저평가된 가치주'에 투자하면 안정적으로 꾸준한 수익을 올릴 수 있다. 매수할 시점에는 분명 투자자들의 관심을 받지 못할 것이다. 거래량이 부족해 한 번에 매수하지 못하고 조금씩 시간을 두고 분할 매수해야 할 수도 있다. 하지만 주가가 제값을 찾고 고평가된 영역에 올라갔을 때는 이상하리만큼 거래량이 늘어나 자유롭게 매도할 수 있게 된다.

이것이 '저평가 가치주'에 투자하는 진정한 매력이다.

그렇다면 회사의 주가가 저평가되었는지 고평가되었는지는 어떻게 알 수 있을까? 어렵지도 복잡하지도 않다. '초간단 적정주가' 개념만 알면 된다. 단지 계산기만 있으면 된다. 아니 계산기가 없어도 된다. 종이와 연필만 있으면 초등학생도 쉽게 할 수 있을 정도의 계산이니까.

02 초간단 적정주가로 회사 가치 정확하게 분석하기

'서평가 가치주'에 대한 설명을 듣자 주식스터디 멤버들의 눈빛이 초롱초롱해졌다.

"이팀장님, 그렇다면 소위 우량주라는 종목들도 고평가된 수준이면 매수하지 말아야겠네요?"

미스쪼가 재빨리 응용해서 질문했다.

"미스쪼 남편은 누가 될지, 진짜 봉 잡은 거야. 좋은 질문!"

이팀장의 말에 박주임은 자신도 모르게 흐뭇한 웃음을 흘렸다.

"그런데 박주임이 왜 좋아하는 거지? 박주임, 앞으로 나와 봐. 수업에 집중 안 한 벌로 내가 시키는 대로 계산해 보는 거야. 알았지?"

박주임은 깜짝 놀라며 화이트보드 앞으로 나갔다.

"그야 모르지. 누가 미스쪼의 남편이 될지……"

놀부전무는 지난 금요일에 우연히 만난 두 사람을 생각하며 혼잣말을 했다. 안대리가 미스쪼를 흘낏 쳐다봤지만, 미스쪼는 아무 일 없었다는 듯 스터디에 집중하고 있었다.

적정주가 구하는 방법

"적정주가란 그 기업의 실제 가치에 맞는 주가를 말합니다. 그리고 그것을 구하는 공식은 참으로 다양합니다. 배당액을 이용한 배당할인모형, 현금할인모형, EV/EBITA를 이용한 공식, ROE를 이용한 공식, PSR, PBR, PER 등을 이용한 공식 등등이 있지요."

이팀장의 말에 갑자기 박주임의 표정이 일그러졌다. 학창시절부터 어려운 수학공식이 나오면 머리가 아파 오는 그였다. 어떻게 대학을 졸업했는지 모르겠다고 말할 만큼 그는 공식을 싫어했다.

"박주임이 매우 괴로워하는구만. 사실 개인투자자들이 가치투자를 싫어하는 가장 큰 이유가 공식이 복잡하기 때문이지요. 그러나 걱정 마세요. 제가 간단한 공식 두 가지로 요약해 드릴 테니까요. 매우 단순한 공식이라 실제 회사 가치와는 약간의 괴리가 있을 수 있어요. 하지만 이 두 가지 공식은 초등학생도 활용할 수 있을 정도로 아주 쉽답니다.

이팀장은 보드에 2개의 개념을 적었다.

PBR 1배: 주당순자산 값
PER 10배: 주당순이익의 10배

"이 두 가지만 기억하시면 됩니다."

옆에서 놀부전무가 설명을 거들었다.

"회계를 해 봤으면 금방 아는 내용이지. PBR가 1배라는 건 주가가 주당순자산과 같다는거고, PER가 10배라는 것은 주가가 주당순이익의 10배라는 거지. 그게 바로 적정주가란 이야기구만."

주당순이익, 주당순자산이라는 용어가 나오자 박주임이 고개를 절레절레 흔들었다.

"에휴, 내가 저런 사람하고 술을 마셨으니……"

미스쪼의 혼잣말은 혼잣말이라고 하기엔 너무 또렷했다. 안대리가 미스쪼의 옆구리를 찌르며 작은 목소리로 물어 보았다.

"은송! 뭐야? 둘이 사귀는 사이야?"

미스쪼는 대답도 못 하고 금세 얼굴이 빨개졌다. 흥부차장도 박주임을 놀렸다.

"박주임아, 공식 나왔다고 너무 괴로워 마라~ 은송씨가 한심해 하신다~"

박주임이 당황하며 눈빛으로 이팀장에게 도움을 요청했다.

"자, 청문회는 나중으로 미루고 일단 수업을 계속하죠. 여기서 말하는 주당순이익, 주당순자산이란 개념은 매우 쉽습니다. 공식 2개만 적을게요."

주당순이익(EPS) = 당기순이익 ÷ 주식수

주당순자산(BPS) = 자기자본(순자산) ÷ 주식수

"모두가 한 번씩은 들어 본 용어들입니다. 계산도 너무 쉬워요. 계산기 한 번만 눌러 주면 되니까요. 그리고 이런 주당순이익 (EPS), 주당순자산 (BPS)은 증권사 HTS, 증권 포털사이트, 인터넷 포털사이트의 '기업개요', '기업분석' 화면에 최신자료로 올라와 있습니다. 그리고 증권사에서 나오는 해당 기업의 리포트엔 올해 예상 EPS도 나와 있어요. 이것을 이용하면 PER 10배를 적용할 때 정확도를 더 높일 수 있지요. 아무래도 최신자료가 좋으니까요."

이팀장은 아직도 이해가 되지 않는 듯한 표정인 박주임을 보고 말했다.
"말로만 얘기하면 갑갑할 수도 있어요. 예를 들어 보겠습니다."
이팀장은 '디피씨'의 사례를 들었다. 디피씨는 2020년 연초 '방탄소년단' 테마주로 부상하였다. 디피씨의 자회사가 BTS의 소속사인 빅히트엔터테인먼트에 투자하였는데 빅히트의 상장 추진 소식에 테마주로 부상하였던 것이다.
"2020년 BTS 테마로 급등한 디피씨의 주가가 적정한 주가인지 알아보겠습니다. 기업개요를 보면 디피씨의 주당순이익(EPS)은 256원, 주당순자산(BPS)은 3,950원으로 나와 있습니다. 그럼 이것을 근거로 적정주가를 계산해 보겠습니다. 박주임, 오래 기다렸지?"

이팀장의 말이 끝나자, 박주임이 보드에 계산하기 시작하였다.

PBR 1배=주당순자산=3,950원
PER 10배=주당순이익의 10배=256원×10=2,560원
(2019년 자료 기준)

"이팀장님! 디피씨의 적정주가를 계산해 보니 2,560원과 3,950원으로 제법 큰 차이가 나는데요?"

이팀장은 노트북을 펼쳐 디피씨의 주가 차트를 찾은 후, 설명을 이어갔다.

"그렇죠. 그러면 이 두 개의 값을 주가 차트에 직선으로 그어 보겠습니다."

안대리, 박주임, 미스쪼는 물론 주식투자 경험이 많은 놀부전무, 흥부차장도 초집중 상태로 이팀장의 손끝을 지켜보았다.

적정주가 영역대로 투자 타이밍 잡는 방법

이팀장은 차트에 적정주가 두 개를 직선으로 표시하고, 그 사이 영역에 색칠을 했다.

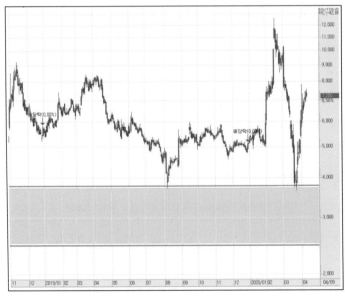

자료5-4 디피씨의 적정주가 영역, 현재 주가에 훨씬 못 미치는 하단에 위치하고 있다.

"자, 이것이 바로 디피씨의 적정주가 영역대입니다. 간단하죠?"

어떤 책에서도 가르쳐 주지 않았던 새로운 방법이었다. 이팀장의 설명이 이어졌다.

"현재 주가가 고평가되어 있는지 저평가되어 있는지에 대한 판단은 매우 쉽습니다. 제가 그린 적정주가 영역대를 하나의 구름이라고 생각하시고요, 주가가 구름 위에 있으면 고평가, 그 아래 있으면 저평가라 보시면 되는 거죠."

모두들 신기하다는 표정으로 이팀장을 주목했다.

"디피씨의 주가는 적정주가 영역대에서 몇 배는 더 위쪽에 있죠? 현재 디피씨의 주가는 고평가되었다라고 볼 수 있는 겁니다. 가치투자자 입장에서 어떻게 해야 할까요?"

모두가 초등학생처럼 입을 맞춰 대답했다.

"매수하면 안 됩니다!"

"네, 맞습니다. 가치투자자 입장에서는 적정주가 영역 구름대에서 몇 배나 위에 올라가 있는 종목은 피해야 합니다. 적정주가 영역대 아래 있는 저평가 종목을 발굴해야 하겠지요. 그런데 만약 주가가 구름영역 안에 있다면 중립, 계륵과 같은 상황이라고 볼 수 있지요. 박주임, 이제까지 공부한 내용을 보드에 정리해 주세요."

너무 간단한 내용이라 박주임은 단 몇 줄로 정리할 수 있었다.

1. 적정주가를 찾는 공식 2개 : PBR 1배, PER 10배로 구한다.
2. 주가 차트에 적정주가 2개의 직선을 그리고 그 사이에 색칠한다.

3. 주가가 적정주가 영역대 위에 위치할 경우 : 고평가(매수 유보)

4. 주가가 적정주가 영역대 아래에 위치할 경우 : 저평가(매수 가능)

"역시 박주임이 깔끔하게 정리했네! 미스쪼하고 데이트할 자격이 충분해!"

흥부차장이 칭찬과 놀림을 섞어 말했다. 미스쪼와 박주임은 쑥스러운 듯 못 들은 척 수업에만 열중했다. 이팀장의 설명이 이어졌다.

"그러면 저평가된 영역에 있는 사례를 살펴볼게요. 2018년 연말 당시의 GST 사례입니다."

GST는 2018년 연말 기준으로도 원래 저평가 영역에 있다가 2019년 어닝 서프라이즈와 함께 주가가 크게 상승한 케이스입니다. 2019년 연초 GST는 어느 정도 저평가된 위치에 있었던 걸까?

이팀장이 박주임에게 계산을 맡겼다.

"박주임, 이제 혼자서 GST의 적정주가를 구할 수 있겠지?"

박주임은 기업개요 화면에서 2018년 주당순이익과 주당순자산을 찾은 다음, 모두가 볼 수 있도록 보드에 계산을 적어 내려갔다. 계산이 끝나자, 차트에 적정주가 영역대를 표시하는 것까지 훌륭하게 해냈다.

〈GST의 적정주가〉 2018년 연말 결산자료 2019년 연초 공시 기준

2018년 주당순이익(EPS) : 1,030원

2018년 주당순자산(BPS) : 10,900원

PBR 1배 : 10,900원

PER 10배 : 1,030원 X 10 = 10,300원

자료5-5 GST의 2019년 연초 기준 적정주가 영역대, 2019년 연중 내내 저평가 영역에 있었다.

"역시 영업부의 자랑, 박주임이야!"

홍부차장은 박주임을 보고 엄지손가락을 치켜세웠다. 이번엔 진심인 듯했다.

"박주임, 대단하네. 그럼 이참에 설명까지 부탁하네."

놀부전무까지 덩달아 칭찬하자, 박주임은 약간 쭈뼛거리며 설명을 시작했다.

"2018년 연말 그리고 2019년 연초만 하더라도 GST의 주가는 적정주가 영역대의 훨씬 밑에 있었어요. 이때는 거래량도 정말 적은 소외된 종목이었네요. 그러다가 주가가 움직이기 시작했고, 실적 개선이 이어지면서 주가가 급등, 2019년 연말에는 적정주가 영역대의 상단인 10,900원에 이르렀습니다. 그리고 그 기세는 2020년 연초에도 계속 이어지면서, 2020년 2월에는

18,000원까지 상승했습니다."

"박주임, 잘했어. 이번엔 현상에 대한 설명이 아니라 투자자 관점에서 설명 부탁해."

이팀장이 추가 설명을 요청했다.

"음, 매수를 한다면 적정주가 영역대 하단에 있었던 2019년 1~3월이 타이밍인 걸로 보입니다. 그리고, 적정주가 영역대 상단을 넘어 10,000~11,000원대에 있을 때는 매수를 해도 수익을 낼 확률이 낮아질 거라 판단됩니다."

박주임이 또박또박 대답했다. 그의 멋진 대답에 모두들 박수로 화답했다. 역시 작년에 받은 1등 영업사원이란 칭호가 헛되지 않았다.

훈훈한 분위기를 깨고 안대리의 날카로운 질문이 이어졌다.

"그러면 매도시점이라 할 수 있는 목표가격은 적정주가 영역대 상단인 10,900원으로 잡아야 하나요? 아니면 더 위에서 잡아야 하나요?"

"안대리가 좋은 질문을 했습니다. 매도 타이밍에 대한 질문인데요, 주가라는 게 목표가격에 도달할 수도 있지만 2019년 GST처럼 목표가격을 넘어 고평가 영역까지 곧바로 날아갈 수도 있어요. 이를 '오버슈팅'이라고 하지요. 반대로 목표가격에 아예 미치지 못할 수도 있습니다. 적정주가 영역대는 주식 매도와 매수에 참고로만 하면 된다는 얘기죠."

"그럼 다른 기준이 있다는 말씀인가요?"

안대리가 재차 물어 보았다.

"우리 같은 직장인이나 본업이 따로 있는 분들은 매일 주가 시세판을 볼 수 없잖습니까? 그래서 필요한 전략이 한 가지 더 있습니다. 이는 종목을 포트폴리오 단위로 끌고 가는 아주 중요한 전략이죠. 앞에서도 나온 '가치스타일 투자전략'입니다."

"가치스타일 투자전략? 강남스타일도 아니고 가치스타일이라?"

놀부전무는 신기한 듯 고개를 갸웃했다. 그 순간 놀부전무 방에 있던 뻐꾹이 시계가 울어댔다.

"뻐꾹! 뻐뻐꾹!"

뻐꾹이는 점심시간이 끝났음을 알리고 있었다.

"벌써 한 시네요. 오늘 수업은 여기까지 하고요. 내일은 가치스타일 투자에 대해서 심화수업 진행할게요. 제일 중요한 수업이니 한 분도 빠지면 안 됩니다!"

이팀장은 여느 때와 다르게 강하게 말했다.

그날도 미스쪼와 박주임은 함께 퇴근했다.

여의도역 인근의 패스트푸드점에서 간단히 저녁을 먹기로 했다. 식사 중에도 화제는 역시 오늘 공부한 내용이었다.

"오늘 박주임님 보니 샤프하시던데요. 한번에 다 이해하고 계산도 척척이고!"

미스쪼가 박주임을 한껏 띄워 주었다.

"뭐, 그 정도 가지고. 그런데 적정주가 영역대를 찾는 방법은 정말 쉽더라고. 진짜 초등학교에 다니는 조카도 할 수 있겠던 걸. 이제 우량주라고 해서 무조건 좋은 게 아니란 걸 알게 됐어. 저평가된 구간에서 매수해야 수익률을 높일 수 있다는 사실!"

박주임은 하루 사이에 실력이 부쩍 는 느낌이었다.

미스쪼는 오늘 수업 마지막에 나온 '가치스타일 전략'이 궁금했다.

"2주 전에 이팀장님이 '가치스타일 전략'을 살짝 언급하신 적이 있었잖아요. 개념이 어려우니 차후에 알려 주신다고. 그때만 해도 주식에 대해 아무것도 모르는 상황이었지만, 지금은 확실히 알 수 있을 것 같아요. 내일이 기대되는걸요."

"그때 1년에 한 번씩 수십 종목을 주기적으로 교체하는 거라고 하신 거 같아. 그러면서 그걸 압축한 거라고 '369 매매전술'을 알려 주셨지. 이팀장님은 회사 다니면서 언제 그런 걸 연구한 거야?"

박주임도 내일 수업이 기대됐다. 아마 주식공부 중 하이라이트가 될 거란 생각이 들었기 때문이다.

"박주임님, 우리 주말에……"

미스쪼가 어떤 얘기를 꺼내려고 하는데, 박주임의 휴대폰이 울렸다. 협력업체 전화였다.

"네, 홍부장님! 아, 내일 계약 도장만 찍으면 된다고요? 넵, 내일 뵙겠습니다!"

계약이 성사되었는지, 박주임의 표정이 상기되었다.

"은송씨, 나 지금 빨리 사무실 들어가서 계약서 작성해야 돼서 오늘은 이만 일어나야 할 것 같아. 미안~"

'칫, 그놈의 일 내일 출근해서 하면 되지. 지금 꼭 가야 하나?'

미스쪼는 주머니 속에 들어 있던 뮤지컬 티켓 두 장을 만지작거리며 자리에서 일어났다.

03 가치스타일 투자전략과 주식혼합전략의 결합

주식스터디 **17일차**

주식스터디도 어언 17일차 되는 날, 오늘도 놀부전무 방에 모두 모였다.

황씨 아저씨는 도시락 7개를 싸 들고 기다리고 있었다. 그런데 다들 모인 가운데, 박주임이 보이지 않았다.

"우리의 엘리트 사원은 어디 갔나?"

놀부전무의 물음에 흥부차장이 너스레를 떨며 대답했다.

"오늘, 업체 계약하러 갔습니다. 이번 계약으로 1년에 백억 원대의 수주가 발생하는 겁니다. 흐흐흐, 전무님, 제가 다 만들어 놓은 건데, 계약만 박주임이 하는 거예요."

식사를 시작하려는 참에 박주임이 헐레벌떡 뛰어 들어왔다.

"늦어서 죄송합니다. 여기 계약서에 도장 받아 왔습니다!"

박주임은 이마에 송글송글 맺힌 땀을 닦으며 계약서를 내밀었다. 흥부차장이 물밑작업을 다 해 놓은 건 맞지만, 탈없이 잘 처리하고 온 것이다.

"박주임 잘했어! 역시 1등 영업사원이야! 자, 그럼 식사하면서 한숨 돌리고 주식스터디 시작하세."

놀부전무가 박주임을 칭찬했다.

'369 매매전술'과 '가치스타일 투자전략'의 차이

식사를 마치고 주식스터디가 시작됐다. 마음에 걸리는 게 있었던지 황씨 아저씨가 질문을 시작했다. "이팀장, 어제 말한 '가치스타일 투자전략' 말이야. 예전에 그거 수업할 때 내가 몰래 도강하느라 제대로 못 들었거든. 다시 한번 설명해 줄 수 있나?"

"네. 걱정 마세요, 아저씨! 그땐 '가치스타일 투자전략'을 개략적으로만 설명했고 그것을 간략화시킨 '369 매매전술'을 공부했어요. 기억을 되살리는 차원에서 '369 매매전술'이 뭔지 리마인드해 볼까요?"

이팀장은 보드에 적어 가며 설명을 시작했다.

〈369 매매전술〉

3 : 3개월에 한 번 또는

6 : 6개월에 한 번씩

9 : 최소 3~9개의 종목으로 포트폴리오 종목을 모두 교체한다.(그 이상을 권장)

"미스쪼나 박주임처럼 종잣돈부터 키워 나가야 하거나, 안대리처럼 종잣돈이 적을 경우에 더욱 유효한 방법
이죠. 어제 공부한 '적정주가 영역
대' 기억나시죠? 그 방법을 이
용해 저평가된 종목 3~9개로
포트폴리오를 꾸린 다음 3~6개
월에 한 번씩 포트폴리오를 교체해 주면 되는 아주 간단한 방법이예요."

"아하!"

안대리는 이제야 이해된다는 듯 감탄사를 뱉으며 고개를 크게 끄덕였다. 사실 예전에 '369매매전술'을 공부했을 땐, 어떤 종목으로 구성해야 할지 고민이었다. 그래서 작전주나 테마주 등에 관심을 가졌던 것이다. 오늘 이팀장에게 종목 발굴 기준에 대해 들으니, 머릿속이 환해지는 느낌이었다.

이팀장은 설명을 이어 갔다.

"그런데 이 '369 매매전술'은 '가치스타일 투자전략'을 간략하게 만든 거라 말씀드렸습니다. 그러면 '가치스타일 투자전략'이 무언지 궁금들 하시죠?"

이팀장은 보드에 무언가를 쓰기 시작했다.

〈가치스타일 투자전략〉
적정주가 수준을 판단하는 주가 지표 하나를 정해
종목들을 저평가된 순서대로 정렬한 후
저평가된 수십 개의 종목으로 포트폴리오를 꾸리고
1년에 한 번씩 포트폴리오를 교체한다.

조금 복잡한 느낌을 받았는지 모두들 어리둥절한 표정이 되었다. 이팀장의 부연 설명이 이어졌다.

"제가 필기한 내용의 첫째 줄이 특히 이해가 되지 않을 겁니다. 어제 주가의 저평가, 고평가를 판단하는 기준에 대해 배웠죠? 그게 뭐였나요?"

안대리가 모범생처럼 대답했다.

"PER와 PBR이었어요."

"그렇죠. 그런데 우리가 배운 PER(주가수익비율), PBR(주가순자산비율)뿐 아니라 주가 수준을 측정할 수 있는 다양한 지표가 있습니다. PSR(주가매출액비율), PCR(주가현금흐름비율) 등 말입니다. 그중 하나의 지표를 선택하라는 얘깁니다."

"PER, PBR, PSR, PCR 중 뭘 선택하든 상관없나요?"

이번엔 미스쪼가 질문했다.

"큰 차이는 없습니다. 전종목에 동일하게 하나의 기준을 적용해 주가 지표를 구하는 게 중요하죠. 그리고 주가 지표가 낮은 값부터 정렬을 해서, 50~100개 종목을 추려냅니다. 그 후 몇 단계의 정제과정을 거쳐 최종적으로 뺄 종목은 빼고, 빠진 종목만큼 후순위에서 가져오면 되는 겁니다."

이팀장의 설명을 듣던 박주임은 '정제과정'이란 말이 생소하게 느껴졌다.

"이팀장님, 정제과정이라면 안 될 종목들을 걸러낸다는 말씀인가요? 앞서 배웠던 피해야 할 종목 3가지 절대공식처럼요?"

"박주임, 역시 감각 있어! 아무리 저평가되었다고 하더라도 상장폐지될 종목을 넣을 수는 없는 거죠. 피해야 할 3가지 절대공식에 걸리는 종목들을 다 뺀 다음, 최종 50~100종목을 추리는 겁니다. 이것을 지금부터 가치종목 풀(또는 유니버스)이라고 부르겠습니다."

어떤 주가 지표를 사용하느냐에 따라 가치종목풀(유니버스)을 구성하는 종목들의 스타일이 바뀌기 때문에 '가치스타일 투자전략'이라는 이름을 붙였다는 이팀장의 설명이 이어졌다.

역시 이팀장이 가치스타일 투자전략 강의를 뒤로 미룬 이유가 있었다. 아마 강의 초반에 이런 내용이 나왔다면 성질 급한 박주임은 포기했을지도 모를 일이다. 하지만 이젠 주식투자에 익숙해져 이해하는 데 큰 어려움은 없었다.

주식 좀 해 봤다는 흥부차장도 궁금한 게 있었다.

"이팀장, 만약 PBR를 주가 지표로 선택했다 치자. 가치가 높은 고 PBR인 종목도 있고, 저 PBR 종목도 있을 텐데, 왜 저 PBR 종목으로 가치종목풀(유니버스)을 구성해야 하는 거지?"

자료5-6 저PBR 종목과 고PBR 종목의 수익률 흐름(과거 2005년 당시 분석자료)

이팀장은 본인의 연구자료를 멤버들에게 보여 주며 질문에 답해 주었다.

"그거야 비교를 해 보면 금방 알 수 있죠. 이 자료는 2005년 초에 고 PBR 종목과 저 PBR 종목을 각각 50개씩 모아 1년 후의 수익률을 평균한 거예요. 전체적으로 저 PBR 종목들이 좋은 성과를 내고 있음이 한눈에 확인됩니다. PER, PCR, PSR 등의 주가 지표에서도 동일한 결과가 나왔지요."

황씨 아저씨가 경험자로서 한마디 했다.

"주가가 저평가된 종목들로 포트폴리오를 꾸려야 되는 건 알겠는데, 50종목은 너무 많은 것 아닌가? 개인투자자 입장에서 힘들 것 같아서 말야."

황씨 아저씨의 질문은 대부분의 개인투자자들이 갖는 의문점일 것이다.

"아서씨 말씀이 맞습니다. 몇 백만 원을 들고 주식투자를 처음 시작하는 사람에게 50종목으로 나누라면 머리가 아프겠지요. 한 종목에 2만 원씩 투자한다는 게 현실적으로 불가능하기도 하고요. 그래서 제가 '369 매매전술'을 먼저 말씀 드린 거예요. 일단 50종목을 추린 후, 그중에서 마음에 드는 종목 3~9개를 선택하면 되지요. 그리고 3~6개월에 한 번씩 포트폴리오를 바꿔 주고요."

황씨 아저씨의 질문이 이어졌다.

"종목수를 3~9개로 하라고 했는데, 몇 개로 하는 게 제일 좋을까?"

"개인적으로는 3개월에 한 번씩 최소 9종목으로 포트폴리오를 구성하는 게 가장 좋다고 생각하지만, 종잣돈이 적을 때엔 최소 6종목도 무난하다고 봅니다. 단 종목 교체는 꼭 정기적으로, 감정을 모두 빼고 해야 됩니다! 되도록 종목수는 많게 하세요."

이팀장의 말이 끝나자 박주임이 "오케이!"를 외쳤다.

"제가 정리해 볼게요. 투자금이 많을 때는 50종목으로 포트폴리오를 꾸리고 1년에 한 번씩 교체한다. 투자금이 적을 때는 50종목에서 3~9개 종목을 추려 포트폴리오를 꾸리고 3~6개월에 한 번씩 교체한다. 제가 제대로 이해한 거 맞죠?"

"박주임이 점점 똑똑해지는군. 맞아, 투자금이 많을 때는 '가치스타일 투자전략', 투자금이 작을 때는 '369 매매전술'이라고 간단하게 정리할 수 있겠지."

상황에 맞는 맞춤형 포트폴리오 꾸리기

"나는 한 1억 정도 굴려 볼까 하는데, 이 정도 종잣돈이면 당연히 50종목을 선택해야 하겠지?"

놀부전무가 큰돈을 굴리는 방법에 대해 물었다.

"네, 놀부전무님처럼 투자성향이 보수적이고 종잣돈이 큰 경우 50종목으로 구성하시는 게 좋습니다. 최대한 안전성을 높이기 위해서지요. 안전성이 높다고 수익성이 떨어지는 것도 아니예요. '가치스타일 투자전략'의 경우 종합주가지수 대비 +5%p~+10%p 이상 초과수익을 목표로 하니까 단순히 주가지수에 투자하는 것보다 좋은 결과를 거둘 수 있지요."

황씨 아저씨도 자신의 상황에 맞는 투자 방법을 물어 보았다.

"이팀장, 우리가 앞에서 '주식자산'과 '안전자산'에 돈을 분산하는 방법을 배웠잖은가. '주식혼합전략' 말이야. 안전자산으론 은행에 예금을 하고, 주식자산으론 ETF를 편입할 생각이었거든. 안전한 게 최고다 싶어서 말야. 그런데 지금 보니 ETF 대신 가치종목풀을 쓰는 것도 괜찮다 싶어."

아저씨는 얼마 전 주식혼합전략을 공부했을 때, 주식자산에 ETF를 편입해도 연 6~8%가량의 수익률을 낼 수 있다는 내용을 잊어 버리지 않고 계셨다. 그리고 지금 ETF 대신에 가치종목풀을 쓰면 수익률을 더 높일 수 있을지가 궁금했던 것이다.

"물론이지요. 주식혼합전략의 주식자산 부분에 '가치종목풀'을 편입할 경우, 우리가 계속 얘기해 왔던 +α% 수익률을 올릴 수 있어요. 제가 '가치스타일 매매전략'이 종합주가지수 대비 연평균 +5%p~+10%p 정도 기대수익률을 높인다고 말씀드렸죠? 이렇게 매년 10%p씩 초과수익을 낼 경우 수익률이 비약적으로 높아질 수 있지요."

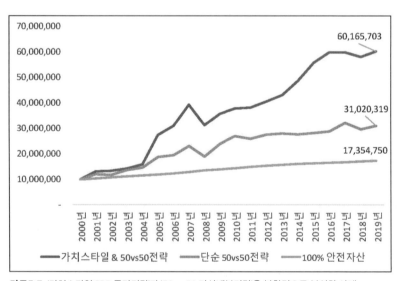

자료5-7 '가치스타일 PBR 투자전략'과 '50 vs 50 자산배분전략'을 복합적으로 분석한 사례

이팀장이 그래프를 보여 주며 설명을 이어 갔다.

"자료를 보면 더 확실해집니다. 이 사례는 종잣돈 1,000만 원을 '50 vs 50 전략'으로 운용한 결과예요. 500만 원은 은행예금에 넣고, 나머지 500만 원은 가치스타일 투자전략으로 운용한 겁니다. 주식자산 부분이 매년 종합주가지수 대비 평균 연 6%p씩 초과수익을 내면서, 100% 주식에 투자하는 것보다 수익률이 크게 높아집니다."

"정말이네요. 주가지수를 주식투자로 해서 50 vs 50 자산배분전략을 사용하는 것보다 가치스타일 전략을 주식투자로 해서 50 vs 50 전략으로 사용한 것이 거의 2배 수익이 났어요!"

미스쪼가 그래프를 보고 감탄했다.

"이 정도의 주가 움직임이라면, 그냥 맨땅에 헤딩하듯이 주식투자하는 것보다 훨씬 좋은 결과를 얻을 수 있지요. 결론적으로 '50 vs 50 전략'과 '가치 스

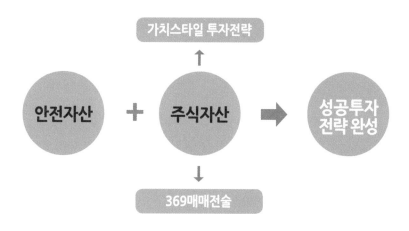

자료5-8 주식투자 성공전략 개념도

타일 투자전략을 혼합한 결과 19년간 연 9.9%의 복리수익률을 거둘 수 있었던 거지요."

이어서 이팀장이 이제까지 설명한 투자전략을 정리한 그림을 보여 주었다. 일단 큰 틀에서 안전자산과 주식자산을 병행하는 '주식혼합전략(자산배분전략)'이 있고, 주식자산의 운용 방법에는 '가치스타일 투자전략'과 '369매매전술'이 있음을 한눈에 알 수 있었다.

"지금까지 직장인이나 본업이 있는 자영업자들이 많은 시간과 노력을 투여하지 않고도 안정적으로 수익을 올릴 수 있는 방법에 대해 공부했습니다. 제가 말씀드린 2가지 전략은 최소한의 기초가 될 것입니다. 여기에 종목발굴 단계에서 조금 더 신경을 쓴다면 더 큰 초과수익을 기대할 수 있는 거죠."

이팀장은 수업 내용의 정리와 더불어 멤버들 한 명 한 명에 대해서도 조언을 해주었다.

"종잣돈을 모아 가는 미스쪼와 박주임은 그 기간이 짧아지게 되겠고, 안대리나 홍부차장님 그리고 황씨 아저씨처럼 어느 정도 종잣돈이 있는 분은 안정적으로 수익률을 높일 수 있게 될 것입니다. 마지막으로 우리 놀부전무님처럼 목돈을 투자하는 분들은 안정성과 수익성, 두 마리 토끼를 잡게 될 것입니다."

분위기가 살짝 가라앉자 미스쪼가 질문했다.

"이팀장님? 오늘로 수업 끝나는 거 아니죠? 종강 분위기가 나서요."

"물론 아니지! 조금 더 남아 있어. 내일은 '누구나 수익률을 높이는 다양한 투자팁! 플러스 알파!'에 대해 공부할 겁니다. 이제까지 공부한 전략전술과 병행하면 수익률을 더 올릴 수 있는 알토란 같은 방법들이니 내일도 빠지지 말고 수업 참석해 주세요. 오늘 수업이 가장 중요한 내용이다 보니 마무리가 좀 진지하게 되었네요."

이팀장의 머쓱한 웃음과 함께 수업이 끝났다.

놀부전무부터 미스쪼까지 6명의 멤버들은 이제 무언가 그림이 그려지는 느낌이었다. 큰 전략 두개를 기본 틀로 하여 안정적인 수익을 올리고, 여기에 플러스 알파의 초과수익까지 거둘 수 있다고 생각하니 저마다 가슴이 설레었던 것이다.

그날 저녁, 미스쪼와 박주임은 각자 따로 퇴근했다. 둘 사이가 공개된 오늘부터는 다른 사람들의 시선이 부담스러웠기 때문이다. 여의나루역 근처 한강공원에서 만난 두 사람은 편의점에서 주전부리 몇 개를 사 들고 한강 가까운 곳의 벤치에 나란히 앉았다. 주변에는 산책을 하거나 자전거를 타며 즐거운 시간을 보내는 사람들이 많았다.

"미스쪼도 알다시피 내가 매일 술 마시며 헤프게 살아서 모아 놓은 돈은 한푼도 없어. 하지만 이젠 내게도 목표가 생겼어. 이팀장님처럼 앞으로 8개월 안에 1,000만 원을 모을 거야. 1차 목표를 달성하면 이팀장님처럼 열심히 월급 모으고 불려 나가면서 5년 안에 1억을 만들 거야."

"박주임님, 무리 아닌가요? 갑자기 술 끊기 어려울 텐데요?"

"아니야. 내가 무른 것 같아도 한번 한다면 하는 성격이야. 다른 친구들보다 빨리 입사해 경력도 제법 쌓였고 영업 현장에서 뛰니까 다른 부서보다 성과금도 많이 나오잖아. 그동안 성과금을 허무하게 다 써 버린 게 후회되더라고."

박주임의 계획을 들은 미스쪼도 자신의 계획을 얘기했다.

"저도 5년 안에 1억을 만들어 보려고요. 은행금리를 높게 잡아 1.5%로 보고 6년 동안 매달 120만 원씩 저금해도 8,800만 원 정도밖에 안 되잖아요. 주식투자 목표수익률을 연 10%로 약간 높게 잡더라도 6년 정도면 1억 원을 넘길 수 있겠더라고요."

박주임은 자신보다 어리지만 야무진 계획을 세우고 있는 미스쪼가 대견해 보였다.

"혹시 말이야, 내가 앞으로는 술자리를 확 줄일 테니까, 은송씨가 그 시간 같이 해 줄래?"

박주임이 참 애매모호한 질문을 던졌다.

"박주임님, 이상한 말씀 마시고, 우리도 운동이나 할까요? 저기 사람들 봐요. 얼마나 열심히 운동하나. 자, 걸어요 걸어!"

미스쪼는 박주임의 질문이 어떤 의미인지 알고 있었다. 하지만 아직은 자신의 마음을 자신도 알 수 없었다. 어색해진 분위기를 돌려 보려고 박주임의 등을 떠민 것이다.

박주임과 미스쪼는 그렇게 오랫동안 같이 걸었다.

마치 앞으로도 쭉 같은 방향으로 걸어갈 사람들처럼……

Summary

05

- 저평가된 알짜 종목은 투자수익률을 높이는 핵심 요소다.

- 우리는 일상에서 가격과 가치를 따지는 가치투자의 개념대로 소비하고 있다.

- 고평가된 주식은 버블이 붕괴될 때, 단시간에 폭락한다.

- 버려진 흑진주로 불리는 종목들이 화려한 다이아몬드로 비상한다.

- 저평가된 흑진주 종목은 매수할 때는 거래량이 적지만, 주가 상승 뒤에는 거래량이 늘어나 쉽게

  매도할 수 있다.

- 회사의 적정주가를 구하는 공식은 매우 다양하게 알려져 있다.

- 초간단 공식 2개를 이용하면 차트에 적정주가 영역대를 표시할 수 있다.

- 주가가 적정주가 영역대의 아래에 위치하면 저평가, 적정주가 영역대 위로 올라서면 고평가

  종목이라 판단하면 된다.

- '가치스타일 투자전략'은 많은 시간과 노력을 투여하지 않아도 안정적으로 투자할 수 있다.

- 자금 규모가 작다면 '369 매매전술'을 사용해도 된다.

- '가치스타일 투자전략'과 '주식혼합전략'을 병행하면 성공투자의 초석이 된다.

초과수익을
올리는
플러스 알파
투자전략

| 가치스타일 투자전략과
주식혼합전략의 결합 |

01 경영권 승계가 끝난 기업을 노려라

주식스터디 **18일차**

이팀장은 오전 내내 바쁜 시간을 보냈다.

기획부에 새로 부임한 본부장에게 맨투맨으로 브리핑을 해야 했기 때문이다. 신임 본부장은 대표님의 큰 아들로 박주임 또래였다. 미국 유명 대학에서 MBA를 한 수재라는 얘기, 아무리 그래도 유학을 다녀오자마자 바로 본부장을 시키느냐는 등 말들이 많았다.

11시가 되자, 기획본부장은 선약이 있다면서 퇴근했다. 덕분에 주식스터디는 평소처럼 진행될 수 있었다.

"이팀장님, 새로 온 기획본부장님 말이에요. 잘하실 수 있을까요? 연배도 어린데……"

박주임이 요즘 회사의 핫 이슈인 본부장 얘기를 꺼냈다.

"처음엔 좀 힘들겠지만, 우리가 잘 보좌해야지. 대표님도 이제 연세가 들어 가시니 경영권 승계를 시작하신 거야."

"아무튼 이팀장님이 당분간 힘드시겠네요."

박주임이 이팀장을 걱정해 주었다.

"걱정해 줘서 고마워. 자, 그럼 오늘은 예고해 드린 대로 수익률을 높이는 다양한 팁, 플러스 알파에 대해 공부하겠습니다. 첫 번째가 바로 경영권 승계가 끝난 기업의 투자에 대한 것입니다."

이팀장의 말에 모두들 어리둥절했다. 금방 회사의 경영권 승계에 대해 얘기했는데, 그것이 주식투자와 관련이 있다? 도대체 이팀장은 무슨 얘기를 하려는 걸까?

"안대리, TV 드라마 좋아하지? 재벌이 나오는 드라마엔 감초처럼 경영권 승계 과정이 자주 등장합니다. 아들을 정략결혼시켜 경영권을 넘겨 주려는데 아들은 정작 가난한 집 여자와 사랑에 빠져 버린다거나, 재혼한 부인과 전처 소생 아들 사이에 다툼이 벌어지는 등등의 스토리죠."

"완전 막장 드라만데요?"

안대리의 말을 받아 이팀장이 설명을 이어 갔다.

"자기 핏줄에게 경영권을 물려 주려는 한국만의 독특한 가치관이 작용하기 때문이지요. 그런데 우리가 주시해야 할 것은 경영권 승계가 주가에 미치는 영향입니다. 지금부터 주식투자자가 왜 경영권 승계를 주목해야 하는지 설명해 드리겠습니다."

경영권 승계와 주가의 상관관계

절대 지분 확보가 핵심이다

상장기업의 오너가 자식에게 경영권을 넘겨주는 것은 어렵지 않다. 오너가 이사회나 주총에서 "내 아들에게 사장 자리를 주겠습니다."라고 말해서 절대수가 동의하면 경영권은 넘어가게 된다. 어차피 이사들이야 오너의 측근들이 대부분이고, 주주총회에서는 오너가 절대지분을 가지고 있는 경우가 대다수이니 경영권을 넘겨주는 것은 쉽다는 것이다.

그런데 문제는 그 다음부터다. 새로운 사장이 경영권을 떠받칠 힘, 즉 회사의 지분율이 낮을 경우 그 경영권은 사상누각과 같다. 갑자기 제3의 인물이 경영권을 뺏을 수준까지 지분을 확보하면 경영권은 허무하게 무너지기 때문이다.

그러므로 현재 경영권을 가지고 있는 회장 또는 오너는 경영권을 승계할 자녀에게 지분을 서서히 넘겨주어야 한다. 자녀들이 여럿이라면 어릴 때는 지분을 고르게 넘겨주다가, 자녀들의 기질을 보아 그중 한 명을 후계자로 정하고 그때부터는 본격적으로 지분을 넘겨주는 것이다.

그 자녀가 절대지분을 확보하게 되면 오너는 경영권을 넘겨주고 수렴청정 정도만 하게 된다. 그런데 우리가 주목해야 할 것은 오너의 자녀들이 지분을 확보하는 과정이다.

경영권 승계는 장기간에 걸쳐 이루어진다

기업들의 공시를 보면 '주식 등의 대량보유 상황보고서'라는 제목이 눈에 띈다.

내용을 찬찬히 살펴보면 지분을 확보한 사람이 매우 젊고 오너와 성이 같은 경우가 있는데, 이럴 경우 오너가 자식들에게 경영권을 넘겨주는 과정이라 볼 수 있다. 그런데 이상한 일은 그렇게 자녀들에게 지분을 넘겨줄 때는 꼭 주가가 바닥권이라는 것이다.

보고서명
주식등의대량보유상황보고서(일반)
주식등의대량보유상황보고서(일반)
주식등의대량보유상황보고서(일반)
주식등의대량보유상황보고서(일반)

자료6-1 '지분 관련 전자공시의 제목들

234

다시 말해, 주가가 저평가된 구간에서 경영승계가 본격적으로 진행되는 것이다.

경영권의 승계 시 지분을 대주주가 '증여'하거나 '장내매수'하게 되는데, 두 경우 모두 주가 수준이 낮을 때 작업을 해야만 '절세'의 효과와 더불어 더 많은 지분을 확보할 수 있기 때문 이다.

증여를 통한 경영 승계 과정에서 주가를 억누르는 작업이 진행된다

경영 승계 과정에서 지분을 넘기기 위해서는 주가 수준이 낮아야 한다고 했다. 그러기 위해 서 기업들은 합법적인 수준에서 주가를 낮추기 위한 여러 가지 작업을 하게 된다.

이익이 나더라도 이익을 숨기는 경우가 대표적이다.

이를 회계 용어로 '역분식'이라고 한다. '알짜 기업'인데 이상하게 주가가 안 올라가는 종목이 있다면 '역분식' 때문일 가능성이 높다. 부채비율도 낮고 자산가치도 좋은 주식인데, 매년 이 상하게 손실이 쌓이고 생뚱맞게 파생상품 손실이 발생하는 것이다.

이럴 경우, 회사의 주가는 오랜 기간 저PBR 상태로 이어진다. 그 과정에서 간간히 대주주 중 친인척의 지분이 늘어나고 고배당 정책을 취하는 이상한 현상을 볼 수 있다. 이러한 상황에 서는 과감하게 대량으로 '증여'를 하더라도 증여세 부담이 적다. 흥미로운 상황은 그 이후 에 벌어진다.

'역분식' 때문에 눌려 있던 주가가 증여가 완료된 이후에는 이상하게도 실적이 급격하게 호 전되면서 주가가 급등하게 된다.

증여가 완료되어 지분이 충분히 확보된 이후에는 경영권 방어 차원에서도 주가를 억누를 필 요가 없기 때문이다. 주가가 상승하면 주식을 일부 매각하여 증여세 부분을 메울 수도 있으 므로 일석다조의 효과를 거둘 수 있는 것이다.

경영권을 넘길 준비를 하던 중 갑자기 오너가 사망했다?

우리의 인생은 한치 앞을 내다볼 수 없다. 멀쩡하던 오너가 하루아침에 '망자'가 되는 경우를 한 해에 한두 번씩은 지켜보게 된다. 특히 50〜60대의 젊은 오너가 사망했을 경우에는 급작 스럽게 지분 상속이 진행된다. 보통의 경우는 사전에 유언장을 써 놓아 분쟁의 소지를 막아 놓는데, 우리가 주목해야 할 것은 지분 상속이 완료된 후의 주가 흐름이다.

50〜60대의 오너라면 살아생전에 어떤 자식에게 경영권을 넘겨줄까 고민하고 있거나, 그 과정을 밟고 있었을 것이다. 다시 말해 역분식이 어느 정도 진행되고 있었다는 의미다. 그런

데 갑자기 오너가 사망하면, 그런 과정이 모두 무시되고 바로 상속이 진행된다.
이렇게 경영권을 확보한 오너는 지분율이 애매할 경우 경영권 시비가 붙을 가능성이 있다. 본인의 경영능력을 대내외적으로 과시해야 할 필요성이 생기며, 상속세도 납부해야 한다. 역분식으로 이익 축소를 할 이유가 없어지므로 제대로 공시하게 된다. 그 결과 회사의 실적은 크게 개선되고 주가는 급등한다.

자료6-2 오너의 갑작스러운 사망으로 2세에게 경영권이 넘어간 ○○○기업의 주가 흐름

2011년에 오너가 갑자기 사망한 ○○○기업의 주가 차트를 보자.
2012년에만 주가 상승률이 50% 수준을 보였고, 2011년 연말부터 2013년 4월까지 70%가 넘는 주가 상승을 꾸준히 이어 왔다. 그리고 2012년 영업이익과 순이익도 전년 대비 크게 증가하는 흥미로운 모습을 보인다.
거시적인 경제 상황이 악화되었음에도 불구하고 좋은 성과를 낸 독특한 상황이 나타난 것이다. 이 회사에 '역분식'이 있었다는 증거는 없지만, 경영권이 넘어간 이후에 주가와 실적이 상승했음은 확실한 사실이다.

오너의 마음을 읽을 줄 알아야 한다
조금만 관심을 가지면 이런 종목을 쉽게 찾을 수 있다.
첫째 오너의 연령이 대략 60~70대이면서
둘째 알짜기업인데 주가가 몇 년째 지지부진하며

셋째 최근에 경영권을 자녀에게 넘기고 있는 기업을 찾으면 된다.
이런 종목들은 오랜 기간 이익이 억눌려 있었기 때문에 경영권과 지분이 충분히 넘어간 시점에서 실적이 급격하게 호전되는 것이다. 표면적으로는 '추진하던 신사업에 성장세가 붙어서, 원가 절감 효과가 커서' 등등의 다양한 이유가 붙게 될 것이다. 은근히 2세 경영자의 능력을 과시하는 셈이다.

확실한 것은 2세에게 경영권과 지분이 넘어간 후로 주가가 장기 상승세를 탄다는 사실이다. 이는 작은 코스닥기업, 중소형 업종뿐 아니라 대기업에서도 나타나는 공통 현상이다. 만약 이런 기업들이 경영권을 승계한 직후 주식을 매수할 수 있다면 투자수익에 플러스 알파를 충분히 만들 수 있게 된다.

주식스터디 멤버들은 이팀장의 말을 한마디라도 놓칠세라 집중해서 들었다. 마치 재미있는 드라마라도 보는 듯한 분위기였다.

"오늘 배운 내용은 여러분께만 알려 드리는 팁이니까, 아무에게도 말하면 안 됩니다. 아셨죠? 쉿!"

이팀장은 재치 있게 오늘의 주식스터디를 마쳤다. 무언가 이제까지와는 다른 접근이어서 다들 신기해 하는 표정이었다.

주식혼합전략과 가치스타일 투자전략으로 '+α%'의 수익률을 높일 수 있다는 것을 배웠는데, 여기에 추가로 수익률을 더 높일 수 있는 팁까지 알게된 것이다. 이팀장은 내일 추가 수익을 올릴 수 있는 방법을 한 가지 더 알려 준다면서 기대감을 가지게 했다.

02 대주주의 지분 매수와 매도를 예의 주시하라

주식스터디 19일차

이팀장은 오늘도 새로 부임한 기획본부장과 회의를 하느라 오전 시간을 다 보냈다. 회의 후엔 모든 임직원과 상견례를 하고 점심식사를 하게 되었다. 그러다 보니 오늘 주식스터디는 부득이하게 저녁으로 미뤄졌다.

놀부전무, 흥부차장, 황씨 아저씨, 안대리, 미스쪼는 저녁 7시 퇴근 후 여의도역 앞의 호프집에 모이기로 했다. 새로 부임한 기획본부장에게 칭찬을 들어 기분이 좋아진 놀부전무가 저녁에 치맥을 쏘겠노라고 했기 때문이다.

황씨 아저씨의 절친인 호프집 사장님이 룸으로 안내해 주었다.

7명이 다닥다닥 붙어 앉아야 했지만, 스터디하는데 어려움은 없었다. 스터디 멤버들은 수업이 끝나고 치맥을 즐길 생각에 들떠 있었다.

"여러분, 주식스터디가 오늘로 19일차입니다. 그 동안 회식을 못 가졌는데, 오늘 놀부전무님께서 자리를 마련해 주시니 정말 감사드리면서 스터디를 시작하겠습니다."

이팀장은 오늘의 물주인 놀부전무를 한껏 띄워 주면서 수업을 시작했다.

"오늘 역시 어제에 이어 수익률 '+ α%'를 높이는 방법입니다. 오늘 알려 드릴 방법은 '대주주와 경영진이 매수하는 종목에 투자하라.'입니다. 주식투자를 하다 보면 대주주나 경영진이 꾸준히 자사의 주식을 매수하고 있다는 소식을 접할 수 있을 것입니다. 그런데 이러한 소식이 주가에는 매우 강력한 호재로서 초과수익을 올릴 수 있는 좋은 재료가 됩니다."

이팀장의 **심화 스터디**

대주주(경영진)가 자사의 주식을 매수하는 세가지 이유

가끔 특정 기업의 대주주나 경영진이 꾸준히 자사의 주식을 사 모으고 있다는 뉴스를 접하게 된다. 저평가된 종목이 하락세를 보일 때, 대주주나 경영진이 주식을 저가 매수하는 경우이다. 왜 그들은 자기 회사의 주식을 매수하는 걸까?
이유는 간단하다. 대주주나 경영진은 자신의 회사에 대해 가장 잘 알고 있는 사람들이다. 그들이 판단했을 때 자사의 주식이 투자 종목으로 충분히 매력이 있기 때문일 것이다. 3가지 경우로 나눠 설명해 보겠다.

첫째, 현재 주가 수준이 저평가되었다고 판단하는 경우
대주주나 경영진 입장에서 주가가 저평가 국면에 들어가게 되면 지분율도 높이고, 경우에 따라서는 평가이익도 거둘 수 있기에 저가 매수하게 된다. 주가가 하락했다는 이유만으로 매수할 경우엔 단순히 10~20% 하락한 정도가 아니라, 30~50% 수준의 큰 폭 하락일 경우가 많다.

둘째, 향후 자사 실적의 장기 호전을 예상할 경우

주주와 경영진은 회사의 사정을 가장 잘 알고 있는 내부자이다. 회사의 경영 성과에 대해 애널리스트보다 더 정확하게 예상할 수 있으며, 회계적인 사항도 직접 관여하기 때문에 매출액이나 순이익의 증가 등도 예측하기가 용이하다.

회사의 기존 사업에 장기적인 성장성이 기대되거나 신규 투자한 사업의 전망이 밝다면 현재 주가가 많이 올랐더라도, 매수에 나서게 되는 것이다. 따라서 대주주와 경영진의 자사 주식 매수는 투자자에게 중요한 신호가 된다.

셋째, 지분 확보가 필요한 경우

어쩌면 이것이 대주주와 경영진이 자사 주식을 매수하는 세 가지 이유 중 가장 강력한 이유일 것이다. 대주주 지분이 50% 미만이라면, 언제든지 경영권을 공격 받을 수 있다. 만약 지분율이 30~40% 수준이 된다면 우호지분을 확보하기 위해 인맥 등 다양한 네트워크를 통해 실질적으로 지배권을 확보하려고 노력한다. 그런데 지분율이 현격히 낮거나 우호지분도 약하다면, 평상시엔 주가가 낮은 시점에서 매수를 하고 지분을 노리는 세력이 등장하면 공격적으로 지분을 늘려 가게 된다.

개인투자자 입장에서 이러한 전개 과정에 편승할 수 있다면 화려한 주가 상승을 경험할 수 있다. 어부지리 상황이 되는 것이다.

대주주와 경영진의 저가 매수가 주가에 영향을 주는 이유

대주주의 지분 매매가 실적과 주가에 영향을 준다는 연구 결과는 많다.

대주주의 매수와 매도가 기업 성과와 상관관계가 있다는 것이다. 어떤 논문은 대주주의 매도가 주가에 부정적 영향은 주지 않지만, 매수가 긍정적인 영향을 준다고 분석하고 있다. 2003년 일성신약의 사례에서 그런 흐름을 찾아볼 수 있다.

2003년, 일성신약 대주주와 계열사가 자사 주식을 매수한다는 공시가 꾸준히 올라왔다. 당시 일성신약의 PER는 겨우 4배 수준으로 주가가 절대 저평가 구간에 있었고, 당시 그린화 재보험이 지분을 20% 이상 보유하면서 경영권을 위협했기 때문이다. 그 후 일성신약의 주가는 자사주 매입과 더불어 장내 유통되는 주식수를 줄이면서 주가가 급등하였고, 그 과정에서 또 다시 소액투자자 연합과의 지분 경쟁이 일어났다. 결국 2003년 1만 5천 원대에 불과하던 주가는 2007년 14만 원까지, 거의 10배 가까운 상승을 하게 된다.

이렇게 대주주의 매매가 주가에 영향을 주는 이유는 무엇일까?

두가지의 이유로 압축할 수 있다. 바로 심리적 요인과 수급 요인이다.

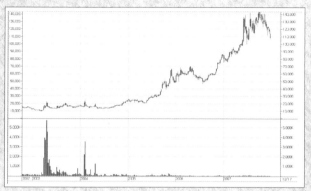

자료6-3 2003년 이후 꾸준히 이어진 일성신약 대주주의 지분 매입은 화려한 주가 상승을 만들었다.

우선 심리적 요인은 앞서 언급되었던, 대주주와 경영진이 자사 주식을 매수하는 세가지 이유에 녹아 있다. 투자자 입장에서 보면, 대주주가 자사 주식을 매수한다는 것은 그들 스스로 주식이 저평가되었다고 판단한다는 신호인 셈이다. 이 신호는 투자자에게 매도를 유보하고 매수를 서두르도록 심리적 확신을 주기에, 주가는 최소한 하방경직이라는 견고한 흐름을 만들게 된다.

다음으로 수급 요인이다. 주식이 대주주에게 집중됨에 따라 주가 상승 가능성이 높아지는 것이다. 일반적으로 주식이 개인투자자에게 분산되어 있으면 주가가 상승하기 어렵다. 그런데 주주의 수가 감소하고 대주주와 경영진의 매수로 매물이 줄어들게 되면 매수량이 적어도 자연스럽게 주가가 올라가는 것이다. 만약 주가가 하락하려고 하면 대주주와 경영진의 저가 매수가 유입되어 주가를 떠받치게 된다.

이렇듯 대주주와 경영진 등 내부자의 매수는 주가에 긍정적인 영향을 주게 된다. 특히 내부자의 매수가 지분경쟁 상황과 겹치게 되면 투자자 입장에서는 앉아서 높은 수익을 향유할 수 있다. 물론 지분경쟁 상황같이 드문 상황을 기대하는 것은 무리지만, 대주주와 경영진이 꾸준히 매수하는 종목이 중장기적인 상승 추세를 가져 온다는 점은 변함이 없다.

이팀장의 강의가 끝나자마자, 황씨 아저씨는 치킨과 맥주를 주문했다.

마치 스터디 시간 내내 뒷풀이를 기다린 사람 같았다. 맥주와 치킨이 나오자 주식스터디 멤버 7명은 진하게 건배를 했다. 오늘의 물주인 놀부전무가 한말씀하겠다고 한다.

"우리가 주식스터디를 하면서 여러 가지를 배워 가고 있는 이렇게 중차대한 시점에 연설을 길게 하고 싶지만, 여러분들의 눈빛이 기름에 바삭하게 튀겨진 치킨과 거품이 넘치는 맥주에 마음이 다 가 있는 바 짧게 이야기를 하지요. 우리 모두 안정적으로 큰 수익 냅시다! 건배~~"

모두가 오랜만에 즐거운 시간을 보내고 있었다. 술자리가 끝나갈 즈음에 이팀장이 주의를 집중시키며 할 얘기가 있다고 했다.

"여러분, 내일이 20일차 마지막 수업입니다. 새로운 기획본부장님이 취임하시고 직원들 모두 바빠져서 주식스터디를 더 이어 가기도 힘들 겁니다. 내일은 마지막으로 투자에서 수익률을 높일 수 있는 방법을 한 가지 더 알려 드리도록 하겠습니다."

다들 수업이 끝난다는 사실에 아쉬움 반, 기대 반의 심정이 되었다.

수업이 끝난다는 것은 월급날이 다가오고 있다는 신호이기도 했다. 다음 주 월요일 월급이 들어오면 미스쪼와 박주임은 1,000만 원 종잣돈 만들기에 돌입할 것이고, 안대리는 종잣돈 불리기 프로젝트를 시작할 것이다. 홍부차장 또한 새로운 각오와 계획으로 주식투자에 임할 것이다. 그런데 이팀장이 알려 줄 수익률을 올려 줄 마지막 방법은 무엇일까? 모두들 내일을 기대하면서 오늘 회식을 즐겼다. 그날 술자리는 늦게까지 이어졌다.

회식이 너무 늦게 끝나 대중교통은 모두 끊어졌다.

황씨 아저씨는 가게에서 주무신다고 먼저 가시고 남자 직원들은 놀부전 무부터 택시에 태워 보내 드렸다. 여의도에서 심야에 택시를 잡는 것은 보통 어려운 일이 아니다. 10여 분 이상을 기다리다 방향이 같은 흥부차장, 이 팀장, 안대리는 한 택시에 타고 갔다.

취객들 사이에 박주임과 미스쪼만 남았다.

둘 다 많이 마시지는 않았는지 취한 기색이 전혀 없었다. 보통 여의도에 서 택시가 잡히지 않으면, 포장마차에 들어가서 한잔 더 하거나 편의점에서 캔커피를 마시면서 시간을 보내는 게 흔한 일이다. 박주임과 미스쪼는 근처 편의점에 들어가 캔커피를 하나씩 집어 들었다.

주식스터디를 시작한 뒤로 두 사람은 서로에 대해 많은 것을 알게 되었다.

박주임에게 미스쪼는 더 이상 세상 물정 모르고 돈 쓰기만 좋아하는 신입 사원이 아니었다. 돈에 대한 개념이 확실한, 속이 꽉 찬 사람이었다. 미스쪼 의 생각도 많이 바뀌었다. 그렇게 좋아하던 술자리를 자제하는 박주임이 의 지가 강하고 믿음직하다는 생각을 하게 된 것이다.

캔커피를 만지작거리던 박주임이 미스쪼에게 물었다.

"혹시 우리가 같은 길을 간다면 더 큰 시너지효과가 나겠지?"

적막한 여의도 거리, 조금은 쌩뚱맞은 박주임의 말을 미스쪼는 바로 이해 했다. 그런데 무슨 영업하는 것도 아니고 프로포즈를 이렇게 삭막하게 하다 니, 튕겨 보고 싶은 마음이 들었다.

"저는 아직 잘 모르겠네요. 박주임님 술자리 안 한 지 한 달도 안 됐는데, 어떻게 믿어요?"

박주임은 아차 싶었다. 힘들게 꺼낸 얘기인데, 진심이 제대로 전달되지 않은 것이다. 박주임은 분위기를 제대로 맞추지 못한 스스로를 자책하다가 우연히 택시 한 대가 서는 것을 발견했다. 박주임은 얼른 미스쪼를 택시에 밀어 넣었다.

"빨리 들어가, 미스쪼. 잠 부족해서 내일 힘들면 어떡해?"

박주임은 이상하고 애매한 분위기를 벗어나고 싶어서 미스쪼를 얼른 택시에 태웠다. 그런데 미스쪼가 택시 창문을 내리고 박주임을 불렀다.

"박주임님, 같이 가요. 다음 택시 잡으려면 30분은 더 걸릴 거예요."

맞는 말이었다. 여의도의 밤은 택시를 한 번 놓치면 한 시간을 더 기다려야 할 수도 있었다. 망설이던 박주임은 택시 기사의 클랙슨 소리를 듣고서야 택시에 올랐다.

택시는 조용히 밤 거리를 향해 출발했다.

초 과 수 익 을 올 리 는 플 러 스 알 파 투 자 전 략

03 자산가들이 선호하는 공모주 투자

주 식 스 터 디 20일차

드디어 주식스터디 마지막 날이다.

미스쬬와 박주임 그리고 이팀장, 세 명으로 시작한 스터디는 안대리, 황씨 아저씨, 흥부차장, 놀부전무가 순서대로 들어오면서 총 7명으로 늘어났다. 처음 계획한 대로 하루도 빠지지 않고 20일간 스터디가 이어져 왔다는 것은 스스로 생각해도 대단한 일이었다.

마지막 날 이팀장이 공개할 방법은 무엇일까? 모두들 '+ α%' 수익률을 높이기 위한 마지막 투자방법을 궁금해했다.

"여러분, 오늘 수업의 주제는 공모주 투자입니다." 이팀장의 말을 받아 황씨 아저씨가 지인 이야기를 꺼냈다. "우리 식당 옆 커피숍의 김 사장 말이야. 가끔씩 공모주 투자를 하는데, 공모가 대비 주가가 2배 넘는다고 자랑을 하더라고. 그런데 뭐 경쟁률이 높으면 수익률이 생

각보다는 낮다고 하더라고."

"네, 맞습니다. 공모주 투자는 공모가 대비 주가가 크게 상승할 가능성이 높기 때문에 인기가 높지요. 문제는 공모 경쟁률이 높아지면, 주식을 원하는 수량만큼 확보할 수 없어 투입되는 자금 대비 수익률이 낮아진다는 거예요. 하지만 꾸준히 공모주에 투자하면 나름대로 감을 잡을 수 있답니다. 안정적으로 투자하는 분들도 많으니까요. 최근 시중에 늘어난 부동자금이 공모주로 몰리는 현상도 이를 반증하지요."

이팀장은 어떻게 하면 공모주 투자를 안정적으로 할 수 있을지에 대해 얘기하기 시작했다

이팀장의 **심화 스터디**

공모주 X파일

공모주란?
공모란 50명 이상의 불특정 다수에게 주식 등의 유가증권을 신규로 발행하거나 이미 발행되어 있는 유가증권을 매각하는 것을 의미한다. 공모주란 이렇게 공모의 대상이 되는 주식을 의미하고, 공모주 청약이란 공모주를 사겠다고 신청하는 것이다.

넓은 의미에서 공모는 상장된 기업들이 유상증자를 통해 자금 조달을 하는 것까지 포함한다. 하지만 일반적으로 이야기하는 공모주의 개념은 유가증권이나 코스닥시장에 신규로 상장하는 기업들의 주식을 투자자들에게 매각하는 것을 말한다.

공모주 청약 방법
일단 기업의 공모를 주관하는 증권사에 가서 증권계좌(청약계좌)를 만들어야 한다.
또한 해당 증권사에서 요구하는 일정 수준의 공모주 청약 자격을 맞추어야 하는데, 증권사마다 조금씩 다르다.

증권사마다 상황은 다르지만 일정 수수료를 내면 공모주 청약에 응할 수도 있다.
이때 청약요건에 미달할 경우에는 청약한도를 낮추기도 하고, 우수고객에게는 청약한도를 높이기도 하기 때문에 조건을 면밀히 살펴보아야 한다. 그 조건은 3개월 평균잔고 얼마 이상, 해당 증권사의 상품을 가입한 고객, 신규로 계좌를 개설한 고객 등 증권사별로 다양하다. 미리 한국거래소의 상장공시시스템에서 주관증권사를 파악하여 증권사별 요건을 맞출 필요가 있다.

자료6-4 한국거래소 상장공시시스템의 IPO현황, 신규상장되는 기업정보를 알 수 있다.

한국거래소가 운영하는 상장공시시스템(http://kind.krx.co.kr)에 들어가면 IPO메뉴가 있다. IPO 메뉴에서 공모기업 일정에 들어가면 신규 상장기업들의 공모 일정을 파악할 수 있고, 해당 일정을 클릭하면 상세정보와 주관사를 파악할 수 있다.

청약은 일반적으로 이틀 동안 진행되는데, 첫날에는 눈치를 보는 경향이 있어 한산하다가 둘째날 경쟁률이 급격하게 올라간다. 그러다 보니 증권사 지점에서 청약하는 경우, 둘째날 혼잡과 불편을 경험하게 된다. 처음 한두 번은 지점에서 청약을 해 본 뒤, 나중엔 HTS로 신청하는 것이 좋다. 편리할 뿐만 아니라 창구수수료를 내지 않아도 되니 일석이조다.

청약이 완료되면 경쟁률이 결정되는데, 이를 통해 본인에게 배정될 주식수를 알 수 있다. 예를 들어 공모가 1만 원인 주식을 1,000주 신청하였는데 경쟁률이 100대 1이라면, 실제로 배정받는 주식은 10주가 된다. 따라서 경쟁률이 높은 공모주일수록 배정받는 주식수가 적어진다.

그리고 공모주를 신청하면서 환불일과 상장일을 꼭 기억해 두어야 한다. 환불일에는 배정된 수량을 제외한 청약 환불금이 자동으로 입금되기 때문에 잊을 일이 거의 없지만, 상장일은 깜빡 잊는 경우가 많다. 보통 청약일로부터 10여 일 후에 상장된다는 사실을 기억해 두자.

공모주 투자 시 꼭 알아 두어야 할 것

과거에는 공모주 청약만 하면 큰돈을 벌 수 있었다.

하지만 최근에는 경쟁률이 높아져 배정 주식수가 줄어들고, 주가 또한 고평가된 수준에서 결정되는 경우가 많아 수익률이 낮아졌다. 조금이라도 더 많은 주식을 배정받기 위해서 단기 대출인 '공모주청약자금대출'이 이용되기도 한다.

'공모주청약자금대출'을 이용할 때에는 대출 이자와 공모주 투자에서 발생할 이익을 잘 가늠해야 한다. 경쟁률이 너무 높아 배정 주식수가 극히 적을 것으로 예상될 때에는 기대수익이 이자 손실에 못 미칠 가능성이 높기 때문이다.

공모가격이 고평가되어 투자자들이 기피할 경우에는 경쟁률이 낮게 형성되고, 신청한 물량을 모두 배정받을 수도 있다. 문제는 거래되는 첫날 주가가 하락할 가능성도 존재하기 때문에 사전에 공모가격의 합리성을 판단해 두어야 위험을 피할 수 있다.

참고할 자료는 앞서 설명한 한국거래소의 상장공시시스템(http://kind.krx.co.kr) IPO메뉴이다. 공모진행 기업의 자세한 재무정보와 투자유의정보 등을 살펴볼 수 있다.

공모주는 매매 첫날 매도하라

그렇다면 공모주 투자 시 매매전략은 어떻게 세워야 할까?

가장 보편적으로 사용되는 방법이 배정받은 물량을 거래 첫날 매도하는 것이다. 일단 공모주가 상장된 이후에는 주식시장의 영향을 받아 주가가 어디로 흘러가지 짐작할 수 없다. 주가가 강하게 치고 올라가면 다행이지만, 보통은 상장일 이후 주가가 하락하는 경우가 더 많다. 주가가 공모가 이하로 하락할 가능성도 얼마든지 있는 것이다.

공모주의 시초가는 어떻게 결정될지가 궁금할 것이다.

공모주의 시초가는, 상장 당일 오전 8시에서 9시까지 공모가의 90~200% 사이에서 호가 접수를 받아 결정한다. 오전 9시부터 오후 3시 30분까지 정규장에서는 그 시초가를 기준으로 상하한가가 결정된다.

즉 공모주의 시초가는 공모가 대비 +100% 수익이 나면서 시작할 수도 있고 -10% 손실이

나면서 시작할 수도 있다. 그렇다면 공모주의 상장일 시초가와 종가 수익률을 과거 통계 자료에서 찾아 보자.

2009년부터 2019년까지 11년간의 신규 상장된 종목(상장폐지 종목 제외) 630여 개의 수익률을 연단위로 나누어 분석한 자료이다.

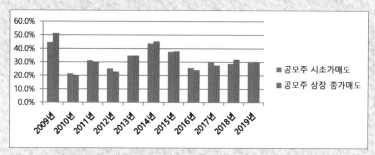

자료6-5 공모주 상장 첫날 매매 시 공모가 대비 수익률

공모주를 상장 첫날 시가로 매매할 경우, 공모가 대비 수익률을 살펴보자. 2009년 44.6%로 가장 높았고, 그 이후에는 20~30%대로 낮아졌다. 시장상황에 따라 조금씩 변화는 있었지만, 전반적으로 안정적인 수익률을 이어 갔음을 확인할 수 있다.

그런데 꼭 알아 두어야 할 것은 공모주를 첫 거래일에 매도했을 때 수익을 낼 확률이 70% 수준이란 사실이다. 10번 중 7번은 수익을 내지만, 3번은 손실을 볼 수 있다는 점을 꼭 기억해 두자. 여기에 경쟁률이 갈수록 심해지고 있다는 것을 감안하면 연간 5% 내외로 기대수익률을 낮추어야 할 것이다.

마지막으로 여러 공모주의 공모기간이 겹치는 경우도 있다. 이런 경우에는 공모가의 합리성 여부와 경쟁률 등을 복합적으로 고려하여 피할 종목은 피하는 꼼꼼한 선택이 필요하다는 것도 알아 두자.

04 M&A 타겟이 될 만한 종목을 선점하라

공모주 투자에 대한 설명을 마친 이팀장은 마지막 수업이라 마음이 급한 듯 보였다.

"진도를 못 나간 선생님처럼 마지막 수업날 몰아서 여러 가지 투자기법들을 이야기하게 되네요. 정말 다양한 방법들이 머릿속에 있는데 어떤 것을 먼저 꺼내야 할지 고민입니다."

"이팀장님, 어제 수업에서 대주주가 경영권 방어를 하는 과정에서 주가가 급등하는 경우가 있다고 하셨잖아요. 이와 관련해 M&A 가능성이 있는 종목에 투자하는 건 어떨까요?"

박주임이 멋진 질문을 했다.

"박주임이 이야기 잘했네! 내 머릿속에도 그게 떠올랐거든. 그렇다면 지분 경쟁이 일어날 수 있는 M&A, 즉 거대 자본에 의한 인수 및 합병의 타겟이 될 만한 종목을 노리자는 주제로 강의를 이어가도록 하겠습니다."

글로벌 유동성과 함께 커지는 M&A 시장

이팀장은 현재 글로벌 M&A시장의 동향을 먼저 설명했다.

"최근 해외 증시에서 M&A 관련한 뉴스가 종종 올라오고 있습니다. 2013년 초, 미국의 2대 사무용품 업체인 오피스디포가 3위 업체인 오피스맥스를 인수하기로 했다는 뉴스기사가 미국 증시를 뜨겁게 달구어 놓았습니다. 시장에 M&A 이슈가 자주 나오면 그만큼 글로벌 자금시장에 유동성이 풍부하다는 반증이 되면서 투자심리를 견인하게 되는 거지요."

"그러고 보니, 워런버핏이 하인즈를 인수했다는 소식을 들은 기억이 나요."

역시 주부가 된 안대리는 먹거리와 연관된 하인즈를 바로 떠올렸다.

"맞습니다. 그런데요, M&A 시장에 잠재적인 변화의 조짐이 나타나고 있습니다. M&A 거래 규모는 2003~2007년 화려한 증가세를 보였다가, 2008년 금융위기 이후 지지부진한 흐름을 보여주고 있는데요, 2009년 바닥을 치기는 했지만 아직까지 상승세로 접어들지는 못했습니다."

놀부전무도 한마디 거들었다.

"그렇지. 2005~2007년만 하더라도 우리 회사를 인수하겠다는 사모펀드들이 정말 많았어. 하지만 2008년 금융위기 이후에는 조용하더라고. M&A 관련 사모펀드들도 많이 힘든가 봐."

"네. 그런데 2013년 들어 서서히 글로벌 M&A시장이 살아나려는 조짐이 나타나고 있습니다. 2013년 1월 글로벌 M&A시장은 전년 동기 대비 15~18% 증가하였다는 조사가 나오고 있어요. 향후 계속적으로 유동성 증가가 이어진다면 한국시장 내에서의 M&A도 증가할 가능성이 높습니다."

M&A와 경영권 분쟁의 원인은 저평가된 주가

역시 기획 업무를 오래 해 왔던 이팀장이라 최근 M&A의 변화 메커니즘을 꿰고 있었다.

"경기침체가 장기화되면서 금리 수준은 낮아지고 각 나라의 중앙은행들은 유동성을 늘리는 정책을 펼치게 됩니다. 이 과정이 진행되면 경기침체에 따른 악영향으로 전체적으로 주가 수준이 낮아지게 되고, 여기에 기업들의 실적이 감소하면서 주가는 한 단계 더 낮아지게 되는 거죠."

이팀장의 설명이 거침없이 이어졌다.

"호황일 때와 비교해 주가 절대 수준도 낮아지게 되니까 결국 경영권 분쟁과 M&A로 이어지게 됩니다. 적은 자금으로도 회사의 지분을 확보해 경영권을 위협할 수 있으니까요. 게다가 저금리 상황이니 이자 비용도 낮아 경영권 분쟁을 위한 총알은 충분해지는 거고요."

"이팀장님, 2013년 초에 우리나라에서도 KJ프리텍, 홈캐스트, 팀스라는 회사들이 경영권 분쟁을 겪었다고 나오네요."

미스쪼가 재빨리 인터넷을 뒤져 참고자료를 찾아 주었다.

"미스쪼, 땡큐~ 미스쪼가 찾은 자료대로 당시 KJ프리텍, 홈캐스트, 팀스 등에서 경영권 분쟁이 발생했고, 몇몇 기업들이 M&A 관련 공격을 받은 것도 지금의 전체적인 상황과 맥을 같이 하는 겁니다. 이런 과정에서 주가가 급등하게 되는데, 이는 지분을 공격하는 공격자 쪽에서도 주식을 매수하고, 방어하는 기존 대주주들도 매수에 가담하기 때문입니다. 그 결과 주가 가 단기간에 급등하게 되고, 저평가 구간에서 고평가 구간으로 단숨에 상승 하게 되는 거지요."

M & A 종목을 발굴하려면 큰손보다 먼저 움직여라

M&A 공격을 받는 종목의 주가가 급등한다는 이팀장의 말에 모두의 눈빛이 빛났다.

멤버들의 부담스러운 눈빛을 느낀 이팀장은 M&A 이슈가 나올 만한 종목을 찾는 방법과 더불어 주의해야 할 점도 강조했다.

"경영권 분쟁이 발생할 만한 종목을 찾는다면, 높은 수익을 기대할 수 있는 건 사실입니다. 아까 언급된 홈캐스트와 팀스, KJ프리텍은 주가가 본격적으로 상승하기 전 순자산가치 대비 주가가 PBR 1배 미만이었습니다. 홈캐스트의 경우는 0.6배에 불과했고요."

이팀장은 긴 얘기에 목이 타는 듯 컵의 물을 들이켰다.

"M&A 대상이 되는 기업의 공통점이 있습니다. 회사를 인수 후 청산하더라도 크게 손해를 보지 않는다는 겁니다. 기업사냥꾼이라는 얘기 들어 보셨죠? LBO(Leverage Buy-Out)기법을 사용해 타인 자본을 끌어 온 후, 멀쩡한 저평가 기업을 인수해 공장, 기계, 제품, 재고 등을 갈기갈기 찢어서 매각하는 겁니다. PBR가 낮은 기업들이 M&A될 경우 발생할 수 있는 가장 큰 리스크라 할 수 있지요."

이팀장의 설명이 끝나자 홍부차장은 2007년 술접대를 했던 사모펀드 매니저의 이야기를 해 주었다.

"그때 놀부전무님 지시로 사모펀드 매니저를 만났는데, 내가 사람을 녹이는 기술이 있잖아. 그 매니저가 술이 떡이 되더니 속마음을 얘기하더라고. 우리 회사가 비상장이지만 장외에서 거래되는 주가로 인수한다면 회사를 청산했을 때 2배의 가치를 받을 수 있다는 거야. 회사를 찢어서 판다는 무서운 이야기였어."

홍부차장의 이야기에 놀부전무가 조용히 고개를 끄덕였다. 만일 그때 홍부차장이 정보를 입수하지 못했다면 회사는 사모펀드에 넘어간 뒤 분해되어 매각되었을 수도 있었던 것이다. 스터디 멤버들은 M&A의 세계가 정글과 같은 약육강식의 세계라는 것을 새삼 느낄 수 있었다.

홍부차장의 얘기로 잠시 끊어졌던 이팀장의 설명이 이어졌다.

"홍부차장님 말처럼 그런 일은 언제든 가능합니다. 대주주가 절대지분을 차지하지 못하고 주가 수준이 PBR 1배 미만인 종목이라면 언제든지 경영권 공격 자금이 들어와 주가를 농락하고 회사 경영권을 찬탈할 수 있는 거지요. 2003년 소버린이 SK그룹을 농락했던 때를 생각하시면 됩니다. 당시 SK 주가는 절대 저평가였어요. 소버린은 최태원 회장의 구속사건을 빌미로 지분을 저가 매수 후, 투명경영을 내세우며 M&A를 언급했고, 이를 통해 주가를 띄운 후 유유히 차익 실현을 했던 겁니다."

여러 가지를 얘기했지만 여기까지 이팀장의 설명은 결국 M&A가 주가를 부양한다는 긍정적인 내용이었다. 하지만 이팀장은 주의해야 할 사항도 꼼꼼히 일러 주었다.

"하지만 개인투자자 입장에서 경영권 분쟁이라는 소식이 뒤늦게 들어가면 큰 낭패를 볼 수도 있습니다. 2012년 말에서 2013년 초 '팀스'의 경우, 큰손 김모씨가 소액주주운동을 앞세워 경영 투명화를 한다면서 유유히 지분을 축소해 가고 있었습니다. 1만 원대의 주가가 2만 원대까지 상승했으니 단 기간에 큰 수익을 거둔 것으로 추정됩니다."

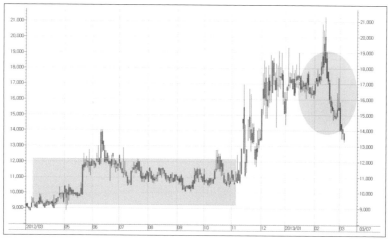

자료6-6 팀스의 주가 차트. M&A 이슈는 뉴스로 보도된 후면 이미 늦은 것이다.

이팀장은 멤버들에게 팀스의 주가 차트를 보여 주었다.

"이뿐만이 아닙니다. 과거 S식품도 경영권 공격을 당했는데, G모씨는 경영권을 확보하지도 않은 상태에서 차익 100억 원을 가져갔습니다. 유아용품 업체를 공략한 C모씨 역시 19억 원의 차익을 거두었죠. 만약 이런 싸움판에서 상투를 잡게 되면, 큰 손실을 보게 된다는 것을 명심해야 합니다. 따라서 투자자들은 M&A 가능성이 있는 종목이 바닥권의 시세일 때 포트폴리오를 꾸려야 합니다. 그것이 M&A 관련 투자의 포인트입니다."

M&A 타겟은 저PBR, 그리고 대주주 지분 30% 미만

이팀장은 M&A 이슈가 된 종목에 뒤늦게 들어가지 말라는 충고와 함께 기대수익률을 높일 수 있는 명확한 기준을 제시해 주었다.

"M&A는 회사의 사업성과 성장성을 보고 이루어지는 것이지만, 앞서 말씀 드린 대로 자산가치에 미치지 못하는 시가총액 또한 목표가 됩니다. 적어도 자산가치 수준이라는 안전 마진을 확보할 수 있기 때문이죠. 그런데 여기에 대주주의 지분이 30% 미만, 혹은 20% 미만이라면 M&A 세력의 1차 타겟이 될 가능성이 높습니다."

M&A에 부쩍 관심이 생긴 홍부차장이 질문을 했다.

"이팀장, 만약 앞으로 글로벌 경제가 좋아지면 어떻게 될까?"

"자연스럽게 풀려 나온 유동성에 '신용 시장'까지 살아나면 아마 유동성이 폭증하게 되겠죠. 그렇게 되면 헤지펀드, 창투사, 엔젤펀드, 사모펀드, 개인자금, 기업자금 등등이 총출동해서 기업사냥에 나서게 될 겁니다."

"그럼 우리 같은 개인투자자는 언제 투자해야 하나요?"

이번에는 박주임이 질문했다.

"그 시기가 오기 전에 M&A 공격 가능성이 있는 종목에 투자해야죠. 저PBR에 대주주 지분이 낮은 종목으로 포트폴리오를 꾸린다면 기대 이상의 수익을 낼 수 있을 겁니다. 예를 들어 5종목 중 하나라도 M&A 이슈로 100% 이상 상승하게 된다면 전체 계좌 수익률은 20% 이상을 달성할 수 있는 거지요."

이팀장은 긴 시간에 걸쳐 M&A 관련 투자에 대해 설명해 주었다. 향후 글로벌 경기가 회복될 경우, 유동성의 증가는 다양한 형태로 M&A의 공격자금이 될 것이라는 이야기와 함께 미리 선취매를 해야 한다는 내용까지 짚어주었다.

"그런데 이팀장님, M&A 관련 투자도 우리가 앞서 공부한 가치투자와 일맥상통하는 것 같아요."
역시 미스쪼는 눈치가 빨랐다.

"맞아. 진정한 가치투자란 M&A 관점에서 기업을 보는 거지요. 주식투자를 할 때 단순히 주가만으로 기업을 평가해서는 안 됩니다. 사도 좋은 기업, 팔아야 할 기업 등과 같은 합리적인 쇼핑의 관점에서 기업을 볼 필요가 있는 거죠. 우리가 20여 일 동안 공부한 내용을 압축하자면 M&A 타겟이 될 만한 종목으로 포트폴리오를 꾸려야 한다는 겁니다."
"우리가 M&A 사냥꾼이 되어 종목을 보자는 거죠?"
어느새 실력이 부쩍 는 박주임이 한마디로 정리했다.
"박주임 말이 정답입니다. 우리가 기업 사냥꾼의 눈으로 기업을 본다면 싼 가격에 사서 비싼 가격에 팔 수 있다는 것이 20여 일간 이어진 주식스터디의 핵심입니다."

이팀장의 말과 함께 드디어 주식스터디가 막을 내렸다.

짧다면 짧고 길다면 길 수 있는 20여 일 동안, 주식투자에 대한 기초에서 부터 실전투자에서 사용할 수 있는 전략과 전술까지 이팀장은 주식스터디 멤버들에게 모든 것을 알려 주었다.

단순히 주식투자는 이렇게 하라는 교육이 아니라, 월급을 모아 종잣돈을 만드는 방법, 자신의 목표를 설정하는 방법, 주식투자로 자산을 불려 나가는 방법과 경계해야 할 잘못된 투자방법까지 알려줌으로써 모든 멤버들이 각자의 위치에서 올바르게 투자할 수 있도록 방향을 잡아 준 것이다.

이제부터 미스쪼와 박주임은 1,000만원 만들기라는 1차 목표를 향해 한 걸음을 뗄 것이고, 안대리는 종잣돈 1,000만 원과 매달 들어오는 월급을 아껴 자산을 불려 가면서 '내 집 마련'이라는 목표를 향해 주식투자를 시작하게 될 것이다.

그동안 실패만 계속해 온 흥부차장은 투자 마인드를 새롭게 하고, 아내에게 안정적으로 수익을 낼 수 있는 투자방법을 설명한 후, 종잣돈을 마련해 주식투자를 제대로 해보겠다고 했다. 황씨아저씨와 놀부전무는 지금까지 배운 이팀장의 주식투자 전략과 전술을 활용해 각자의 목돈을 만들 계획을 세웠다.

Summary
06

- 경영권 승계가 끝난 기업은 2세 경영이 시작되면서 주가도 흥미롭게 전개된다.

- 오너가 자식들에게 경영권을 넘기는 과정에서 주가 억누르기 정책이 진행된다.

- 경영권 승계 과정에 있는 종목들은 향후 기대 이상의 수익을 안겨 줄 가능성이 크다.

- 대주주의 자사주 매수에는 현재 주가에 대한 정확한 판단이 녹아 있다.

- 대주주와 경영권을 노리는 세력의 지분 경쟁이 일어나면 주가는 폭등한다.

- 대주주의 꾸준한 매수는 주주들의 투자 심리를 안정시켜 장기적인 호재로 작용한다.

- 공모주 투자는 소액투자자 및 자산가 모두에서 안전한 대안 투자로 사랑받고 있다.

- 공모주 투자는 경쟁률과 공모가 수준 등 다양한 분석이 병행되어야 한다.

- 배정받은 공모주는 상장 첫날 매도하는 것이 일반적인 투자전략이다.

- 공모주 투자의 연간 기대수익률은 5~10% 정도로 은행 이자보다 조금 높은 수준이다.

- 투자 테크닉 중 가장 고차원적인 것이 M&A다.

- M&A를 한다는 마인드로 주식투자를 하게 되면 투자수익률이 크게 높아진다.

대한민국 주식시장의
선순환을 꿈꾸며

2020년 연초부터 한국 내 개인투자자들의 관심이 주식시장에 몰리기 시작하였다. 부동산으로만 쏠렸던 자금들이 주식시장에 밀물처럼 밀려들어오면서 사상 유례없는 주식시장으로의 자금 유입이 기록되었다. 그 자금의 물결 속에서 여러분들은 작은 낙엽배를 타고 있는 주식투자일 것이다. 물살이 너무 거세다 보니 어찌해야 할지 모르고 헤매고 있을 것이다. 어쩌면⋯

이 책에 나온 주식스터디 멤버 7인은 어쩌면 이 책을 읽고 있는 여러분 자신이 아닐까 싶다. 사회 생활을 막 시작한 조은송 양과 같은 사회 초년생부터, 박주임과 안대리처럼 회사에서 바쁘게 움직이고 있을 직장생활 5년차 이내 봉급생활자분들, 그리고 회사를 십년 가까이 재직하면서 회사의 허리 역할을 하며 항상 고뇌에 빠져 있을 홍부차장과 같은 분들 또는 은퇴를 앞두고 재테크에 대해 진지하게 고민하고 있을 김놀부 전무와 같은 연령대의 직장인들도 계실 것이다. 뿐만 아니라 자영업을 하면서 여유자금을 어떻게 투자해야 할지 방향을 잡고자 하는 자영업 사장님들도 이 책을 보고 계실 것이다.

막연히 자본시장에 그레이트 로테이션이 발생하여 부동산으로만 쏠렸던 자금이 혹은 안전자산으로만 쏠렸던 자금이 한국증시로 몰린다는 막연한 기대감에 투자하지만, 지금 개인투자자들 사이에서 관찰되는 모습들은 과거 십수 년 전 혹은 수십년 전과 다를 바가 없다.

아니 어쩌면 과거보다 더 공격적인 성향이 보인다. 2017년 연말~2018년 연초 가상화폐 '가즈아!' 광풍 속에 판도라의 상자에 갇혀 있었던 세계 제1의 투기적 본능이 깨어났고 과거보다 그 성향은 더 강하게 증폭되었다. 그 본능의 증폭 매체는 바로 유튜브, SNS 등이다. 자극적인 정보들이 매우 빠른 속도로 전파되면서 투자자들 또한 공격적인 투자 성향을 폭발적으로 증폭시켰다.

그렇게 증폭된 투기적 본능은 2018~2019년 부동산 시장 급등 말미에 서울, 경기 아파트 시장을 '영혼을 끌어 모은 대출'을 일으키며 서울/경기를 향한 전국적인 부동산 광풍을 만들었다.

그리고 그 세계 제1의 투기적 본능은 2020년 연초 주식시장으로 선발대를 보냈다. 마음이 급했는지, 2020년 3월 코로나 쇼크로 인해 증시가 하락했을 때 3월에만 고객예탁금 증가 12조 2천여 억 원, 개인투자자 순매수 11조 5천여 억 원으로 합계 값이라 할 수 있는 개인투자자금 순증감 23조 7천여 억 원을 증시로 유입시켰다.

그 자금들은 어디로 갈지 모르고 갈팡질팡 홍수 난 물살마냥 주식시장 여기저기를 헤집고 다니고 있다. 아마 이 자금의 흐름은 이후 수년간 한국증시에 물결을 만들고 좋게 이야기하자면 모멘텀을 그리고 폄하하자면 묻지 마 장세를 간헐적으로 뿜어낼 것이다.

이런 주식시장 안에서 여러분들은 생존하며 수익을 만들 수 있을 것인가?

아마, 아무런 준비 없이 시장을 마주한다면 과거 2000년 중반 그리고 1999년 IT버블 끝자락, 멀리는 1980년대 말 개인투자자들이 상투를 잡고 폭락장을 맞은 것처럼 재기 불가능한 손실만 누적되고 말 것이다.

그 투자자금 제대로 지키면서 투자해야 하지 않겠는가?

여러분은 그 기준을 이 책의 주식스터디 멤버 7인과 함께 공부하였다. 이제 이 책에 나와 있는 지식들을 그저 흘릴 것이 아니라 여러분만의 투자전략과 전술로 실천해야 할 것이다.

그리고 여러분들은 반드시 성공투자를 완성하셔야만 한다.

그래야만 한국의 자본시장에 자금이 지속적으로 흐르고 그 자금이 기업을 키우며 그렇게 해서 큰 기업들로 인해 증시가 상승하는 선순환이 반복될 수 있다.

생각해 보면, 지난 2013~2019년 부동산 강세장, 그중 2018~19년 광풍이 불면서 집이 있는 사람이든 없는 사람이든 모두를 애간장 태웠던 근본적인 이유는 우리 사회에서 투자할 만한 대상이 부동산밖에 보이지 않았기 때문이다.

만약 주식시장에서 누군가 안정적인 성과를 냈다면, 아니 적어도 패가망신한 이들만 없었어도 사람들은 투자 대상으로 부동산만 쳐다보지 않았을 것이다. 하지만 그 이전 주식시장에서 개인투자자들은 실패의 역사를 반복하였다.

1990년 10월 10일 깡통계좌 일제 정리 사태는 '주식투자 실패 = 깡통계좌'라는 개념을 탄생시키며 당시 수많은 가계를 파산에 몰아넣었다. 그 후 2000년 초반 개인투자자들 사이에서 카드 빚으로 주식을 홀짝놀음마냥 투자하는 괴이한 투자문화가 생겼는데 이는 결국 카드대란으로 이어져 2003년만 하여도 신용카드로 인한 신용불량자가 239만 명에 이른 하나의 원인이 되고 말았다.

그리고 2000년 중후반에도 묻지마 투자가 만연한 가운데 2008년 금융위기를 겪으면서 수많은 투자자들이 큰 투자 손실을 입고 증시를 떠났다. 그후 2010년의 좁은 박스권 장세 속에서 투자자들은 과거의 습관을 버리지 못하였고, 주식투자는 손실을 만든다는 고정관념을 계속 우리 증시에 남겼다.

이런 역사 속에 투자 실패를 큰손 때문에, 기관 때문에, 외국인 때문에 실패했다고 개인투자자는 이야기해 왔다. 하지만 이제는 자기 자신의 투자전략 부재에 실패의 원인이 있음을 인정해야 한다. 전략이 없었기에 시장이 요동치면 우왕좌왕 갈피를 못 잡고 주가가 폭락한 후에 투매하고 주가가 폭등한 후에 추격 매수하는 최악의 수를 두어 왔던 것이 개인이다.

이제는 달라져야 한다.

이 책에서 강조드린 다양한 투자 전략들 중 특히 주식혼합전략(자산배분전략)은 백 번 강조해도 부족함이 없을 정도로 중요하다. 자산배분전략이 전체 투자 결과에 70%나 영향을 미친다는 의견도 있을 정도다. 하지만 지금 여러분이 사용하는 자산배분전략이 있는가? 아마 자산배분전략(주식혼합전략) 개념 조차 없는 분들이 십중팔구일 것이다. 주식혼합전략(자산배분전략) 부분을 여러 번 숙독하여 여러분만의 자산배분전략을 꼭 완성하시기 바란다.

그리고, 가치스타일투자는 장기적으로 여러분들의 투자 성과를 높이는 궁극적인 힘이 될 것이다. 싼 주식을 포트폴리오로 담기에 저가 매수하게 되는 당연한 논리를 실천하는 전략이다.

이렇게 하여 독자 여러분이 성공투자를 완성해 간다면 여러분들의 성공투자 속에, 한국증시에서 수익을 내는 방법이 있다는 것을 알게 된 투자자금들이 유입될 것이다. 그리고 한국증시로 자금이 계속 선순환하며 기업에 자금을 공급하는 등 긍정적인 효과를 한국 경제 전체에 줄 것이라 믿는다.

그 중요한 시작점인 2020년 지금, 한국 개인투자자들의 투자가 크게 비약하길 바라며 이책의 개정판이 여러분의 성공투자에 중요한 초석이 되길 희망하며 글을 마치겠다.

2020년 늦은 봄 어느 날
Lovefund 이성수 올림